ちくま文庫

この世は落語

中野翠

筑摩書房

目次

壱 男と女

弐　江戸的人情

参　遊びごころ

四　珍談奇談

五 人生いろいろ

六　騒動勃発

挿画・著者

この世は落語

壱

男と女

弁慶と小町はバカだ、なあ嬶あ

『明烏』

今朝のことだ。新聞を見て思わず、笑っちゃいけないが笑った。「ドンペリ、ウイスキー…37万円無銭飲食　詐欺容疑で16歳を逮捕」という見出しの記事である。十六歳の無職の少年が、埼玉県新座市のクラブに一人でやって来て、「ドンペリ」などを次々に注文、ホステスを四、五人指名し、計三十七万円分の豪遊。あげくの果てに「金はない」。少年の所持金はゼロだったという。

少年は「IT関係の仕事をしている」と称し、クラブ側の話では「話し上手で、ドンペリの飲み方も堂に入っていた」という。よくまあ、たった一人の芸（業界で言うところのピン芸ね）で最終段階である「御会計」までバレることなくもたせたものだ。その芸に、うん、感心しちゃいけないが感心してしまう。落語の『居残り佐平次』を連想せずにはいられない。将来、まともな人間に更生できなかったとしても、どうか、人殺しだの強盗だのという陰気で野暮な方向には進まないでもらいたい。

この新聞記事を読んだ前の晩、私はたまたま桂文楽（先代＝八代目）の『明烏』を聴いていた。戦後の落語黄金時代には「文楽・志ん生」とも「志ん生・文楽」とも並び称されたというのに、今は志ん生人気ばかり高く、文楽の影が薄くなってしまったのが、私には無念でたまらないのだ。文楽ほどばかばかしい話を、素敵に、芸術的と言っていいほどに、ばかばかしく語れた人はいないんじゃないか。私は文楽の、「春風駘蕩」の味に、いつもウットリさせられる。

さて。『明烏』は、「ドンペリ」豪遊事件のぬし（十六歳）とは正反対の、酒にも女にもまったく興味がないというカタブツ青年（十九歳）をめぐる話だ。

富裕な商家「日向屋」のあるじは息子時次郎のことが心配でならない。やがては店を継がせようと思っているのに、時次郎は部屋にこもって学問（「論語」読み）ばかりしている。もう少し、世慣れて柔かくなってもらわないと商売にも支障をきたす。というわけで街のチンピラ二人――源兵衛と太助に頼んで、時次郎を吉原へと送り込む。二人は「お稲荷さまにお籠りに行きましょう」と言って、時次郎を吉原へと連れて行ったのだ。だまされたと知った時次郎は、女と寝るなんて「不潔！」とばかり怒ったり、泣いたり。ところが一夜明けて見れば……というお話だ。

前半は「吉原」を「お稲荷さま」とだます、そのだまし方のディテールで大いに笑わせる。「服装（ナリ）が悪いと御利益（ごりやく）が薄い」とか「お賽銭もたっぷり」とか「お籠りばかりではなくお詣りだけというのもある」とか。〝中継ぎ〟の茶屋は「御巫女（おみこ）たちのいるところ」、おかみは「御巫女頭（がしら）」と言いくるめるところもおかしい。「性」のメッカと「宗教」のメッカは意外にも類似性が多いものなのだ、とあらためて気づかされる。

私がこの『明烏』の中で特別に好きなのは、街角で時次郎を待っている時の源兵衛と太助の会話部分だ。源兵衛はカタブツの息子を持った「日向屋」のあるじのことを噂して、こう言う。

「堅けりゃ堅いで苦労するし、柔かいっちゃあ心配するし。親なんてつまらないものだなあ。あたしはつくづく考えちゃった。あたしは生涯、倅（せがれ）で暮らそうと思う。親、よしちゃって。子どもができたら、子どもを親にしちまおうと思う」

初めて聴いた時は思わず噴き出した。でも、実のところ、私もこの源兵衛とたいして変わらない。親になるという意欲も自信もなくて、生涯、娘で通しちゃおう、てなものなんだから――と。

私は世間の大半の人びとに頭があがらない。偉いなあと思う。世間の大半は結婚し、子どもを持ち、家庭を築いているのだから。どこからそんな勇気が出たのだろう、自信が持てたんだろう。不思議でならない。結婚もせず子どもも持たず家庭を築かなかった私は、人生を半分しか味わっていないのかもしれない。申し訳ないような、不甲斐ないような気もする。けれど、やっぱり私はこういうふうにしか生きられなかったなあ、もう一度やり直しても同じことだろうなあ、何の因果か、こういうバカな人間もいることを許してもらいたいなあ——と思ってしまうのだ。

そうそう。この文楽版『明烏』の冒頭、いわゆるマクラの部分では、とても印象的な古川柳が紹介されている。「弁慶と小町はバカだ、なあ嬶あ」という川柳だ。セックスの相性のいい夫婦が、寝床でクスッと笑い合う場面が目に浮かぶ。弁慶と小野小町は男女の性愛を知らない者という伝説（?）があったようだ。「嬶あ」の一言が効いている。金や地位がなくても、自分たちはこんな快楽を満喫しているという幸福感が漂う。

「日向屋」の旦那と町内のワル二人がたくらんだ策略はまんまと功を奏して、カタブツの時次郎は初めて女を知る。知ったとたん、人格一変。「女郎なんぞ買ったら瘡をかきます（梅毒になります）」とまで言っていた男が、デレデレになっている。やがては『よかちょろ』や『船徳』の道楽息子のようになり、また逆の方向から親の悩みのタネとなるのか。

元気なら……ぶつよォ

『崇徳院』

先日、話題の日本映画を見て唖然となった。話の芯になっているのは若い男二人だが、この二人の感情表現というのが「泣く」と「凄む」――ほとんどその二種類しかないのだ。世間を怨み自分を憐れんで、鼻水を流さんばかりに泣くかと思うと、今度は一転して猛々しく周囲を威嚇する。「めそめそ」と「ブチギレ」の連続なのだ。唖然として眺めているうちに、私はハッと気がついた。「これだこれだ、私が最も嫌いな男というのはこれなのだ。泣くか凄むかの二種類しかない男なのだ」――。日頃もやもやと感じていたことが、突然、パチッと焦点を結んだかのようだった。

ずいぶん昔、私は「傲慢と卑屈の法則」というのを発見した。傲慢な男ほど、局面が変わると卑屈になる。威張りたがる男ほど、相手しだいでペコペコする。ふんぞり返る角度とペコペコと頭をさげる角度は逆向きだけど同じなのだ。上下関係に過敏で、「対等」というセンスに欠けるせいに違いない、と。

「泣く」と「凄む」の二種類しかない男は、久しぶりにその「傲慢と卑屈の法則」を思い出させた。そして、私はあらためて自分の人生を振り返って痛感するのだった。「そうか、私の人生はそういう男との接触面を極小に抑えて暮らす、そのためには何でもします（よるべないフリーランスの文筆業だって、一人暮らしだって……）という人生だったのか」と。

とまあ、そのくらい私は「泣く」と「凄む」の二種類しかないような男を嫌っている。ところがところが、今どきの世間というのは不思議なものだ。多くの人たちはそういう男を好きで、「男っぽい」とすら感じているらしい。その映画はヒットしている様子だし、評論家の間でさえ「感動して泣いた」「痛快この上ない」という声がある。人びとはどうやらあの手の人物像に親しみやすい「庶民性」を感じ取っているらしい。

私はかねがね亀田ファミリー（これこそ、泣くと凄むの二連発）および日本テレビ『エンタの神様』出身タレント（例えば……まちゃまちゃ、桜塚やっくん）の魅力のポイントが理解できずに苦しんでいるけれど、もしかすると彼および彼女たちは今どきの「庶民性」を体現することに成功しているのかもしれない。庶民という言葉自体、ほとんど死語になって、「格差社会」とか「下流」という言葉が飛び交う時代だけれど。

私の好きな「庶民」はどこに行ってしまったんだ？　「泣く」も「凄む」も、はた迷惑ではしたないと心得ていた人たちはどこに消えてしまったんだ？

私が落語の世界に惹かれた理由の一つは、懐しく好もしい「庶民」に出合えるところだと思う。落語の世界ではケンカっ早いガサツ者で通っている熊さんだって、心根は断然サッパリしている。威張りたがりというより、おっちょこちょいなのだ。決して「男っぽくカッコいい奴」としてではなく、「愛すべきバカ」として描かれているのだ。また、周囲には彼の乱暴を戒め諭す人たちがいる。

私の好みだけで言うなら、熊さんの人柄が最も愉快に魅力的に描かれているのは『崇徳院』だ。あんまりポピュラーな噺ではないかもしれないけれど、古今亭志ん朝バージョンは最高！　初めて落語を聴く人だって十分楽しめる。笑わせどころ、たっぷり。

『崇徳院』は、こんな話だ。

ある日、熊さんが出入りの大店（おおだな）に呼ばれて行くと、若旦那は今にも死にそう。医者にも病の原因がわからない。若旦那が「親しい熊さんになら病のもとになったできごとを打ち明けてもいい」と言ったので呼ばれたわけだが、熊さんを前にしても妙に恥ずかしがって、なかなか口を割らない。ようやっと、消え入りそうな声で「恋わずらい……」と呟く。それを聞いた熊さんは、思わず噴き出し、こう言うのだ。

「いやあ、話には聞いてますよ。あるてェ話は聞いてますけどもねェ、その病にかかった人に会うのは、あっしァ初めてだ。あっしの周りにはそんなの一人もいませんからねえ」

熊さんの生きる世界には「恋」なんてわけのわからないものは存在しない。「くっつき合い」で片づく話なのだ。恋愛至上主義のごとき今、いっそすがすがしい。

以下、軟弱優雅な若旦那とガサツ者の熊さん――ほとんど対極の二人の、ズレまくっているようで妙にかみ合っている会話が続く。若旦那が語る、せつなくロマンティックな恋物語を、熊さんは万事自分流のリアリズムで解釈し、ミもフタもない話にしてしまうのだ。熊さんは真面目に応対しているつもりでも若旦那にしてみれば、いちいち茶化され、笑われているかのよう。時にイラだって「元気なら……ぶつよォ」と言うのも無理はない。それでも、若旦那はそんな熊さんだからこそ救いを求めたのだ。シリアスな話を決してシリアスに受けとめず、一種のバカ話にしてしまう熊さんだからこそ、心の窓をあけてもらえたかのように気がラクになるのだ。

『崇徳院』の前半は、そんなふうにガサツ者の美徳と愛敬にホレボレさせられる。熊さんはわが敬愛の「庶民」だ。さて、後半は爆笑モノのスラップスティックになだれ込む——。

『お直し』

直してもらいなよっ！

『やわらかい手』（07年）という映画が面白かった。これぞまさに大人の映画。主人公は孫もいるような年輩の女だけれど、むしろ男のほうが身につまされ、わかる映画かもしれない。

物語の舞台はロンドン郊外の小さな町。夫に死なれて未亡人になったマギーは、難病に倒れた孫の治療費を捻出するためにロンドンの盛り場で職探しをする。

ある店で「接客業募集」の貼り紙を見て、面接を受けるのだが……その「接客業」とは実は店のオーナーが「東京でやっていたのを見てマネをした」という特殊な接客サービス（壁の穴から突き出された男の性器を手で絶頂に導く）なのだった。

ごくごく平凡な主婦として生きて来たマギーは驚くが、覚悟を決めてこの仕事にすがりつく。ところが！　本人も初めて知ったことなのだが、マギーのやわらかい手は天性の「ゴッドハンド」だったのだ！

彼女は（というより彼女の手は）たちまち売れっ子に。抜け目のない店主は彼女にイリーナという源氏名をつけ、売り出しにかかる。「イリーナ・パーム（イリーナの手のひら）」と命名された壁の前には男たちの行列ができ、他の店からスカウトされるほど。そんな絶好調のマギーにも、やがて破綻が訪れる。真面目な息子が母親の信じがたい姿を目撃してしまうのだ。さらにマギーと店主の間にも微妙な感情が芽生えていた。さて、その結末は？というお話だ。

主人公のマギーを演じたのは、何と一九六〇年代の若者文化の美神（ミューズ）のごとき存在だったマリアンヌ・フェイスフルだ。若き日のミック・ジャガーの同志であり恋人であり、『あの胸にもういちど』（68年）ではアラン・ドロンと共演した彼女も今や六十代。六〇年代の美神のおもかげはまったくない。ショッキングなまでに、ない。私は同世代の人間として、悲しく辛い思いで彼女の姿を見ていたのだけれど、しだいにそれは不思議な感動に変わって行った。元は美人よ、スターよ、カリスマよ——という自意識をかなぐり捨てて、マギーという女を演じ切っている、その潔さというか、女優としての誠実さに心打たれたのだ。

この映画を見ていると「性の商品化」がどうのこうのというフェミニズム的議論はとても空しいことに思えて来る。壁のこちら側にいるマギーも哀しい（と同時におかしい）が、壁の向こう側にいる男たちのほうがよっぽど哀しい（と同時におかしい）のだ。

マギーの秘密商売が破綻に向かう終盤、私は落語の『お直し』を連想せずにはいられなかった。

『お直し』はものすごく簡単に言ってしまうと、どん底暮らしから這いあがるために、妻が娼婦となり、夫がその客引きをするという、悲惨と言えば悲惨な噺。

江戸時代の吉原でも蹴転と呼ばれる下層の女郎屋では、線香一本を時計代わりにして、料金を計算していたという。線香の火が消えるたびにマネージャー役の男が「直してもらいなよ」と声をかけ、延長料金を積みあげていくというシステム。『お直し』の夫は、最初のうちは何の感情もまじえず「直してもらいなよ」と声をかけていたのだが、しだいにその声に怒りやいらだちが混じって行くのだ。

自分がとてもたいせつに思っている女（恋人、妻、母、娘……）が他の男の性的快楽の相手をする。それを目のあたりにして平気でいられる男は、まあ、そんなに多くはいないだろう。

女の心は自分にあり、体（あるいはその一部？）は他の男に売っても心はまったく売っていない――とわかっていても、なぜか許し難い気持になるだろう。

『お直し』は生粋の江戸落語でありながら、長い間その内容ゆえに演じる人が少なく、絶滅しそうになっていたのを古今亭志ん生が人びとの共感を呼ぶ噺に仕立てあげて、芸術祭文部大臣賞を受賞したほどのおはこにした（受賞したのが、昭和三十一年、売春防止法が成立したのと同じ年だったというのが面白い。売春をネタにした噺で国家から表彰されたなんて。昔のほうが、大人っぽいいいかげんさがあったのかもしれない）。

そういうわけで、『お直し』は古今亭の家の芸のようになった。志ん生バージョンはさすが吉原を知り尽くした人ならではの説得力があるが、息子の志ん朝バージョンもすばらしい。私は涙なしに聴くことができない（だから、ひんぱんには聴かない）。夫と妻、それぞれの心理と人柄の描きかたが実に鮮かで、彫りが深いのだ。特に、イザとなった時の男のもろさと女の強さ。最も心打たれるのは、客にベタベタしてみせる妻に怒りをぶちまけた男が、妻に「あら、嫌だよォ、この人ァ。妬いてんの？」と言われ、取り乱し、「や、や、妬いてるわけじゃねェやィ。イヤーッな心持ちがするんだい！」と声を張りあげるところだ。

私は「イヤーッな心持ち」は名言と思う。これ以外の表現はないだろう。『やわらかい手』も『お直し』も、性にまつわる感情の不条理（割り切れなさ）に目が届いている。それを思い知らされて、人は大人になるのだ。

うわべヤボの芯イキ　『文違い』

今回（10年下期）の直木賞を受賞した小説『漂砂のうたう』（木内昇）は、明治十年頃の根津遊廓を舞台にしたものだ。

とても面白く、味わい深い小説です。謎めいた狂言回しとして三遊亭圓朝の弟子ぽん太（実在した人物）がヒョコヒョコ顔を出すし、じかに登場する場面はわずかだけれど、小説の背後に圓朝の巨大な影が感じられる。落語好きにはこたえられない。

根津遊廓ナンバーワンの美貌で、誇り高く、気風（きっぷ）のいい花魁（おいらん）小野菊が重要人物として登場する。小野菊とは対照的に全然客がつかず、愚痴っぽく、みじめな思いをしている芳里という女はこう言う。「わちきはね、自分が苦界に沈んだことより、地獄の一丁目でしゃんと生きてる奴（＝小野菊）に出会っちまったことのほうが辛い」

どうしたって小野菊のほうに肩入れせずにはいられない。私もこういう女でありたいと思わずにはいられない。でも私に小野菊は到底無理だ。美貌も芸も愛想もないし。

芳里のように愚痴っぽい「お茶っ挽き」になってしまうのか？　いやいやいや、それだけは認めたくない。女としてそこそこのポジションは確保したい。としたら、いったい私は何を売りにしたらいいのか……などと、つい考えこんでいたが、ハッと気がついた。私の歳だったらもうとっくに「やり手ばばあ」というポジションについているのだった。余計な気を揉んでしまった。

小野菊ほどの売れっ子でもなく、芳里ほどの「お茶っ挽き」でもない、そこそこのポジションで頑張っているのが落語の『文違い』のヒロインお杉だ。

こちらは吉原よりは格下の新宿の遊廓（と言うより女郎屋）の女。察するに美貌のほうはたいしたことなく、もっぱら人あしらいの巧さが売り。どんな男でもウヌボレ心を持っていて、それを女にくすぐられるのが色欲に勝るとも劣らないくらいの快感なのだ――と心得ている。男のウヌボレ心をくすぐるためには心にもないことも平気で口にする。プロとしての才気は十分に持っている女なのだ。

さて。『文違い』は、一言で言うなら男と女のだまし合い（それも三角関係どころか四角、いや五角関係）のドラマである。プロットがとてもよく出来ているので、ゆっくりと説明してゆきたい（三遊亭圓生は三味線の師匠である母のおともで子どもの頃から新宿の女郎屋に出入りしていたという。それもあって『文違い』は名演だと思うので、以下、圓生バージョンをもとに説明）。

●お杉はベタ惚れの愛人、芳次郎のために二十両の金が必要になる。芳次郎は眼をわずらって二十両という高価な薬を買わないと失明するというのだ。

●お杉はなじみ客二人から金をだまし取る。日向(ひゅうが)屋半七からは父との縁切りと嘘をついて五両。田舎者の角蔵からは母が病気と嘘をついて十五両。そのだましのトークが、まず、聴きどころだ。いくら好きな女のためとはいえ大金を出すのを渋る二人を、おだてたり、すかしたり、わざと高飛車に出て愛想尽かしをしてみせたり。

私が一番笑ったのは、田舎者の角蔵（鼻の穴がまともに上を向いていて、煙草を呑んだら煙がツーとまっつぐに上がってゆく——という御面相）に対して、

「この人はちょいと見たところヤボに見えるだろ、これがヤボじゃないんだからね、うわべをヤボに見せて、芯はイキなんだからね、うわべヤボの芯イキって言うんだよ。ほうぼうの女ばかりだまして歩くんだからね、こんな罪作りはありゃあしないよ」

なあんて言うところ。「うわべヤボの芯イキ」。これは絶妙の殺し文句なのでは？多くの男のウヌボレ心をくすぐる、ヒネリの効いたお世辞では？

●二十両を入手したお杉は、すぐに芳次郎に届ける。芳次郎は感激して今夜は泊まっ

てゆくかと思ったら、サッサと立ち去ろうとする。お杉がそれなら金を返せとくいさがると「いらないよっ」と、お杉が先程やったような、高飛車な愛想尽かしをしてみせる。俄然、お杉は恐縮して金を渡し、芳次郎を送り出す。

●芳次郎の後ろ姿を見送っていたお杉は、足もとに一通の手紙が落ちているのに気づく。それは「小筆」という女から芳次郎にあてた手紙だった。読んでビックリ。芳次郎の眼病は嘘で、実は小筆のための二十両だったのだ！

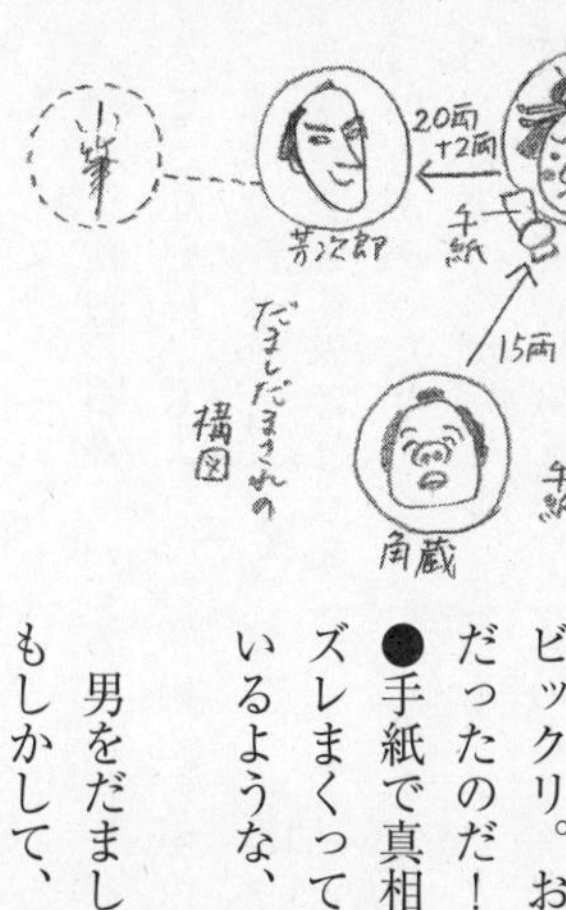

●ちょうどその頃、半七はお杉の部屋で一通の手紙をみつける。それは芳次郎からお杉にあてた手紙だった。読んでビックリ。お杉の父の話は嘘で、実は芳次郎のためのお金だったのだ！

●手紙で真相を知ったお杉と半七。だまされた者同士の、ズレまくっているような、でもズレたまま妙にかみ合っているような、妙なケンカが始まった……。

男をだまして貢がせる女。その女をだまして貢がせる男。もしかして、小筆もまた芳次郎をだまして他の男に貢いでいたりして？

そんな騒動の圏外にいるのが角蔵。どこまでも鈍感な角蔵は、自分がだまされていることなぞ思いもよらない。相変らず色男気分にひたっている。

——と、まあ、そういう噺です。

今の風俗業界はどうなんだかよく知らないが、「射精産業」なんてミもフタもない言い方があったりするところ、昔の遊廓や女郎屋のほうが断然パーソナルな人間味があったような気がする。色欲もさることながら、客である男のほうも相手をする女のほうも、互いに気を引くためのトークがあった。言葉があった。だからこそ落語が生まれる余地もあったのだ。

『三枚起請』

男と女のだまし合いドラマとしては『三枚起請』もよく出来た傑作だ。こちらの舞台は吉原だが、そこそこの店で、ヒロインの喜瀬川も小野菊と芳里の間にウヨウヨいるような、そこそこの女だ。この喜瀬川をめぐって三人の男が一騒動を引き起こす。

●ある日、棟梁が、近くを通りがかった唐物屋の若旦那・猪之助を呼びとめる。猪之助の母親から、遊んでばっかりいる猪之助に忠告してやってくれと頼まれていたからだ。棟梁からいさめられても猪之助は平然としている。吉原に起請（一種の誓約書）を取り交わしたほど深い仲になっている女がいるのだ、とノロケ半分に告白する。棟梁は半信半疑、その起請を見せてみろと言う。「おれァそういうこと詳しいから、本物かどうか、ちょっと見てやっから」と。

猪之助が差し出した起請を読み、相手の女が喜瀬川と知って、棟梁はアッと驚く。

棟梁自身も喜瀬川から、それとそっくり同じ起請を受け取っているのだ。その起請を信じて今の今まで独身を通して来たのだ。男二人、喜瀬川にだまされていたことを知る。怒り心頭。

●そこを通りがかったのが職人の清造。棟梁から、猪之助が吉原の女から起請をもらった話をしていたところだと聞くと、俄然、得意気に俺にも見せろと言う。「おれ、そういうこと詳しいんだ」と。

差し出された起請を読んで清造、ビックリ。自分もそれとそっくりの起請を喜瀬川から受け取っていたのだ。要するに男三人、喜瀬川一人にコロリとだまされていたというわけ。

●男三人は腹の虫がおさまらない。何とかして喜瀬川に仕返ししたい。さすがに棟梁は年長者だ。怒りで荒れ狂う男二人をこう諭す。「遊びに行くのァ、だまされんのを承知で行かなきゃいけねェってことを言われてんじゃねえか」「だまされたからってんで、向こう行ってゲンコ振り回したりなんかしてごらん、ええ? なんて野暮な男だろって恥かかされんのァ、こっちだよ」。

というわけで、棟梁はより穏便な、でもそうとう意地悪でもある報復計画を提案する。

●男三人は揃って吉原へと向かう。事情を知った店の者に、「えー、今晩は。だまされ連中がまいりました」と言うのがおかしい。

喜瀬川には棟梁が一人でやって来たと思わせて、あとの二人は部屋の隅に隠れてスタンバイ。

部屋に喜瀬川が入ってくる。棟梁はしゃあしゃあとした顔で喜瀬川からもらった起請を反故（ほご）紙扱いする。喜瀬川はビックリ。涙まで流して棟梁の心変りを責める。棟梁は皮肉に笑って、「唐物屋の若旦那の猪之助にもこれと同じ起請を一枚書いてやったろ」と言う。

喜瀬川はトボケて、「そんな人（しと）いたかねえ」「わかった、思い出したよぅ、色が白くてぶくぶく太って、水瓶ェ落っこったお飯（まんま）っ粒みたいなのだろ。まだ子どもじゃないかァ。おもちゃ代わりに渡したんだよ」と取りつくろう。

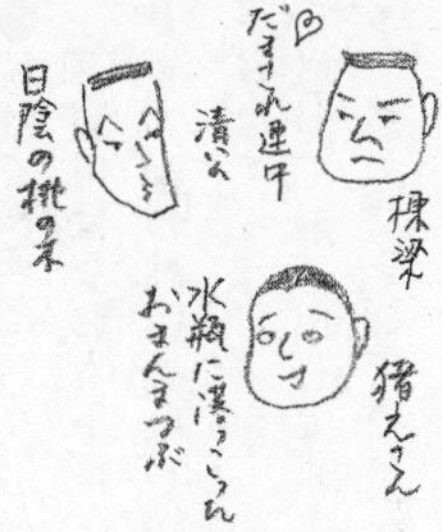

棟梁は隠れていた猪之助に声を掛ける。「水瓶ェ落っこったお飯（まんま）っ粒、出てこォい！」

怒って飛び出して来た猪之助に、喜瀬川は驚いて、しぶとく世辞を言う。「まあ、そこにいたのォ？　白くってきれい」。

●続けて棟梁は言う。「経師屋の職人の清造にも起請をやったろ」。喜瀬川はなおもトボケて、「あの清公かい？　清の字、清テキ？　嫌なやつなんだよォ。背の高いのばっかりね、それを頼りにして、日陰の桃の木みたいなやつだろ……」。

怒って飛び出して来た清造に、喜瀬川は驚いて、またしぶとく世辞を言う。「あらっ、まあ、そこにいたの？　すらっとして様子がいい」。

爆笑につぐ爆笑だけれど、でも、このあと吉原（というより遊廓全般）の美意識というか倫理観の根本に迫るようなスルドイ発言の応酬があって胸にグッとくる。トボケてその場を取りつくろっていた喜瀬川は、観念して、パッと本性を現わし、こんな鮮かなタンカを切るのだ。「あたしたち女郎はねえ、客をだますのが商売だ。ンなことでいちいち打たれたり蹴られたりしてみろ、体がいくつあったたって足りゃアしないよっ。打つのは結構だよ。打つんだったらお打ち。そのかわりね、あたしの体にはお金がかかってんだよ。ええ、ねえ、お見世行ってちゃんとお金を払ってあたしを身請けして、それから打つとでも蹴るとでも、なんとでも好きなようにしやがれッ！」――。女郎のギリギリのプライドが炸裂したようなセリフじゃないか（映画

『幕末太陽傳』〈57年〉でも印象的な場面だった)。

客である棟梁のほうも負けていない。こう言い返す。「ええ？　おめえ聞いたふうなこと言うなよ。女郎は客をだますのが商売だ？　そんなことァおめえに言われなくたって、こっちはガキの時分から知ってらァ。なあ！　だますのは結構だ。もっときれいに口でもってだませェ。ええ？　起請書いて渡すような、そんな汚え手を使うない、なあ！」——。こちらの言いぶんも、もっともだなあと思わせる。プロだったら安直に物でだますのではなく、言葉の芸でだませ、と。

『三枚起請』は断然、古今亭志ん朝バージョンがすばらしい。特に同じ起請が次から次へと出て来る時の、男たちのリアクションの「間」の微妙なおかしさが。仕切り役の棟梁の、失意をゴクンと呑み込んだ感じもちゃんと出ている。

『札所の霊験』お前を見て、ワシはまた煩悩が起こってな

三遊亭白鳥という落語家がいる。今は真打だけれど二ツ目時代の名前は三遊亭新潟だった。新潟から上京して日本大学に入学。落語のことはほとんど知らないまま落語の世界に入った。

古今亭志ん朝さんの顔すら知らずに「桂春團治師匠」と呼びかけたとか、落語の基本中の基本である「上下(かみしも)を切る」のを間違えていたとか、あきれるようなエピソードが多い。

にもかかわらず、白鳥の高座は面白いんですよね。私は妙に好き。「これ、落語として成立しているのか?!」というギリギリのところで頑張っている。時にスリリングと言ってもいいほど。

その白鳥が、どの雑誌でだったか忘れてしまったのが残念なのだけれど、好きな古典落語として『札所の霊験』を挙げていた。私はエッ?! と驚くと同時に「うーん、

やっぱりねえ」とも思った。記憶をたよりに書くが、「東京に出て来た時、さんざん田舎者扱いされた。女たちに笑われ、いじめられた。モテなかった。その口惜しさが『札所の霊験』を聴いた時、ドッとこみあげてきた。ピタッと胸に迫ってきた」と語っていたと思う。

まず驚いたのは白鳥が『札所の霊験』なんて、めったに聴かれない噺を聴いていたということだ。私は三遊亭圓生のＣＤ（『圓生百席』）で聴いたのだけれど、その中で圓生は「他の人でこの噺をやったのは聴いたことがない。私は速記をもとにして演り（や）ました」と語っているくらい珍しい噺。白鳥もまた圓生のＣＤで聴いたのだろうか。

「うーん、やっぱりねえ」と思ったのは、『札所の霊験』（圓生版だと前後二巻）の前巻は、田舎者扱いされてモテない男の話だからなのだった。

「モテるモテない問題」の大御所と言ったら東海林さだお先生で、どうあがいても女にモテない男の波立つ心のおかしみを描き続けて、もはや半世紀あまり。モテ問題への揺るぎなく、ブレのない関心というか情熱には頭がさがる。低い姿勢を保ち続けなければ生み出せない世界だもの。私は東海林さだおマンガを（エッセーも）一種の落語として楽しんでいる。人間って、特に男って、バカだねえ、おかしいねえ、いじらしいねえ、と。

私にとっての落語はそういうものだ。人間の愚かさの種々相を「ある、ある」と他人事ならず受けとめ、笑ってしまうものだ。深刻に思い詰めたりしない。もし思い詰めたとしても、そういう自分をフッと突き放して見て、笑ってしまう。深刻にはなり切らない（なり切れない、のかもしれない）。

ところがところが。落語の中にも深刻モノというのが厳然としてあるんですね。いわゆる「人情噺」というジャンルで、昔は（たぶん昭和の初めくらいまでは）こちらのほうが落語の世界においては、笑いの多い「滑稽噺」に較べたら本流というか格が上と見なされていたようだ。

「人情噺」なあんていうと、しみじみとした泣かせるタイプの噺を連想しがちだけれど、そうじゃあない。怪談も含めたドラマティックな噺と言ったほうがいいだろう。笑いではなく劇的な感興を狙った、長めの噺。

落語界の巨星・三遊亭圓朝は数かずの「人情噺」をみずから作り、演じた。『真景累ヶ淵』『怪談牡丹燈籠』『怪談乳房榎』『塩原多助一代記』『名人長二』……など。怪談では男女のドロドロとした愛欲や、「因果」でつながった複雑な人間関係を描いたものが多い。ドラマティックなので、そのうちのいくつかは歌舞伎にもなっている。

『札所の霊験』も、もともとは圓朝が作ったものだ。『敵討札所の霊験』という長い噺の前半部分を簡略化して独立させたもの。それでも圓朝らしいドロドロ感は十分漂っている。

前置きが長くなってしまった。ストーリーを紹介しよう。

●越後（白鳥と同じ新潟だ）の榊原藩の国詰めだった水司又市は文武の力を買われて、二十八歳の時に江戸屋敷に下級武士として勤めることになる。

江戸の華やかさに圧倒されていたところ、ある日、根津の遊廓を通りがかり、ふと見かけた遊女・小増（お梅）に一目で心を奪われてしまい、通い始めるのだが、小増はまったく相手にしてくれない。フラレっぱなし。武骨な水司は見世の者の言うことを真に受けて、苦心して二十五両という大金を用意するが、実は小増には中根善之進という深い仲の客がいたのだった。この善之進は偶然にも藩の重役の息子で、水司とは地位も風采も遊びのキャリアも全然違う。大金で気を引こうとする水司に対して、小増は思いっきり見くだす。生意気ざかりの十七歳。金を水司に投げつけて、こう言い放つのだ。「あたしはねっ、田舎ざむらいは嫌いだよっ！」。

おまけに善之進には扇で額を叩かれる。廓から追い出されて逆上した水司は、帰路の途中、闇の中に身をひそめ、善之進を待ち受けて殺し、その金も奪って行方をくらます。
●それから数年後——。小増は富裕な商人・藤屋七兵衛に身請けされ、本名のお梅となって奥様におさまっている。ところが藤屋は二度にわたって火事に遭い、すっかり財産を失ってしまう。夫婦は仕方なく縁を頼って越中（富山）へ行って小さな荒物屋を開く。そこには地元の人びとから尊敬されている宗慈寺の住職・永禅（えいぜん）がいて、お梅に仕立て物の仕事を出してくれたり、何かと親切にしてくれる。
●そうこうして三年ほど過ぎたある日、お梅は縫いあげたきものを持って宗慈寺を訪ねる。寺の者はみな外出していて永禅しかいない。二人きりになったところで永禅は思いがけない告白をする。
「なあ、お梅さん。お前はもうワシを忘れたじゃろうなあ。十三年も前のことじゃからなあ……（略）お前がここへ来た時にワシはもうすぐ知れた。知れるも道理、惚れた女子（おなご）じゃ……（略）ワシは水司又市じゃ」。

水司は善之進を殺して逃げたあと、親類の住職のもとへ行き、そこで必死の修行を重ね、生まれ変わったように徳のそなわった人物として宗慈寺の住職となったのだった（このあたりは菊池寛の小説『恩讐の彼方に』の僧・了海を思い起こさせる）。

水司、いや永禅は言う。「ワシはもう浮世を捨て坊主になったが、お前を見て、ワシはまた煩悩が起こってな……」。抱きついてくる永禅にお梅はビックリし、抗うのだが……。結局のところ永禅に身をまかせてしまう。お梅はもともと不実なところのある女。家に帰れば貧乏暮らし、寺へ行けば何事も「いいよ、いいよ」とやさしくしてもらえる。永禅には金のたくわえもある。というわけで、いつしか永禅のもとに入りびたるようになる。

●それを怪しんだ夫の七兵衛が宗慈寺を訪ねる。不義密通が露顕したと知って、永禅は今や邪魔者の七兵衛を殺す（薪割りの斧で、というのがコワイ）。七兵衛の死体を寺の床下に隠したところを、七兵衛の連れ子・お継に見られたと誤解した永禅はお継も殺そうとするのだが、お継は辛うじて逃げのびる（ここがまた生なましくコワイ）。このあと、寺の者たちのちょっとしたチャリ場（滑稽な場面）があってのち、七兵衛の死体が発見されることになる……。

とまあ、そういう噺です。圓生バージョンではここで噺を切っているけれど、もと

もとの圓朝バージョンでは話はまだまだ続く。永禅とお梅は越後へ逃亡。最後はお継が、他家に引き取られていた兄と共に父・七兵衛の仇討ちをする——という展開だったらしい。そんなエンディングに至る間にも永禅は何人もの人びと（お梅さえも）を殺している。これでもかこれでもか的にあくどい噺なのだった。

朴訥とした水司又市が、女に惑って人を殺してしまう。いったんは世俗を捨て、死にものぐるいの修行をして、みごと超俗的な人物になったのもつかのま、女に再会しただけで一気に逆戻りして破戒僧への道をひた走る。まるでキリキリと巻いたロープが、ふとしたはずみにグルグルとほどけてゆくかのようだ。

そんな悪縁の男女関係——。めったにはないのだろうが、まったくないとは言い切れない。水司又市という人物が最初に、よく言えば真面目、悪く言えば思い詰めやすい不器用な男として描かれているのが、あとで効いてくる。「ほどほど」とか「いいかげん」という感覚に乏しいので、極端から極端に走ってしまうのだ。「俗」と「聖」の両極端へと。

万事ほどほどでいいかげんの私は、その極端さにわくわくしてしまう。ドラマティックだわー、ロマンティックだわー、と。

お梅の人物像も効いている。驕慢な美女が、あいつぐ不幸の中で少しは謙虚で質実な女になったかと思うと、永禅と再会したことでジワジワと不実な地金が出てきてしまうのだ。互いに互いの悪徳を引き出し合ってしまう、そんな男女関係も確かにあるのだろう。

あくどい味の噺なので、たびたびは聴きたくないけれど、たまに無性に聴きたくなる噺である。

ところで先日、京須偕充さん（『圓生百席』ほか志ん朝や小三治のライブ録音をプロデュースしてきた人で、落語関係の著書も多数）の『こんな噺家は、もう出ません　落語「百年の名人」論』（講談社）という本を読んだ。

「名人」という言葉に価する落語家は、今、はたしているものだろうか、そもそも名人とはどういうものなのか……という疑問を投げかける本だった。京須さんは圓朝から圓生までの百年を「名人の時代」と言っている。

確かにそうだろう。噺が真に迫っていたために、夏なのに寒気がしたとか、噺に引き込まれすぎて客はしばらく拍手するのも忘れていた……といった類いの名人伝説は、やっぱり笑いが少なくドラマティックな「人情噺」でなくては生まれにくいものなんじゃないだろうか。「人情噺」をたっぷりと演る人も聴く人も少なくなるに従って、名人伝説もあんまり聞かれなくなった。

私自身、落語に第一に求めているものは、さまざまなテイストのおかしみなのだ、笑いなのだ。それでもやっぱり心のどこかに名人伝説への憧れはあるらしい。古谷三敏のマンガ『寄席芸人伝』(全11巻、小学館)に描かれた名人伝説的な話にはウットリしたり涙したりしてしまうものなあ。

ウンかデバか、ウンデバか

『締め込み』

立川談志の『現代落語論』（三一書房）が出版されたのは一九六五年の暮れだったという。たちまち話題になって、四歳上の兄も読んでいた。私はその頃は落語に特に興味はなかったけれど、気まぐれに兄から借りて読んでみたのだった。

何しろ五十年近く昔の話。内容はほとんど忘れてしまったけれど、「ふうん、落語をこんなふうに分析的に語る本もあるんだなあ」と新鮮な感触を得たことは覚えている。

『現代落語論』の中に確かこんな話があったと思う。マヌケな泥棒の話だ。坂本九の「幸せなら手をたたこう」がヒットしていた頃、ある家に泥棒が忍び込んだのだけれど、ちょうどテレビで「幸せなら手をたたこう」が流れていた。坂本九が「幸せなら手をたたこう」と歌うと聴衆もいっしょになってパンパンと手をたたくのが御約束になっていた。それで、テレビから「幸せなら手をたたこう」と流れた時、その泥棒はついつられてパンパンと手をたたいてしまい、忍び込んだのが発覚してしまった……という話。作った話だと思うけれど、おのれの立場を忘れて、「ついつられて」という感じがいかにもありそうで、おかしい。

それとちょっと似た話がウディ・アレン監督の映画『ラジオ・デイズ』（87年）にあった。記憶がおぼろ気で申し訳ないのだけれど、確か、ある家に忍び込んだ泥棒が、ラジオの人気クイズ番組に夢中になって、電話に出て解答してしまう——という話だったと思う。

一九六五年くらい——昭和四十年代——まではまだ木造一戸建てで玄関の鍵も簡単な、無防備な家は結構残っていたと思う。だからコソ泥の活躍の余地もあった。まして江戸時代の長屋などでは……。内側からシンバリ棒をかうくらいしか防犯の手だてはなかっただろう。家の中に人がいない限り完全に無防備になってしまう。どうせ盗みに入られたところで盗まれるものはたいして持っていない、というのが長屋連中の強みである。

矢野誠一さんの『新版　落語手帖』（講談社）によると、盗賊とコソ泥は厳然と区別されていたらしい。

「江戸時代には、戸締り、特に錠前・心張棒をはずして侵入するのを盗賊といい、戸締りをしていない家へ盗みに入るのを空巣狙い、或はこそ泥といったのだが、町奉行所ではこれをはっきり区別していた。戸締りのある家へ忍び込むのは計画的であるため罪が重く、空巣狙いは、ふとした出来心であるという理由から罪が軽かった。一七九〇年（寛政2）の刑典によると、「人家へ忍び入り、土蔵など破ったようなばあい、贓物（ぞうぶつ）の多少によらず死罪」。だが、初犯の空巣狙いは、五十敲（たた）かれて所払いですんだ」ということである。何となくホッとしてしまう。

落語に出てくるのは、ほとんど後者のコソ泥だ。長屋の住人にとって最も身近な悪党であるから、出番も多い。『締め込み』『穴どろ』『碁どろ』など「泥棒もの」と言うべき一ジャンルを占めている。貧乏人同士のシンパシーから、みな、気の弱いお人よしとして描かれている。当然、窃盗は未遂に終わる。

私がこのジャンルで最も好きなのは桂文楽（先代＝八代目）が得意とした『締め込み』だ。話の骨格はシンプルだ。登場人物はコソ泥と長屋住まいの夫婦だけ。

●ある長屋に忍び込んだコソ泥がタンスから衣類を取り出して大きな風呂敷包みにして、さあ逃げ出そうというところに主人が帰ってくる。泥棒はあわてて、へっつい（かまど）のそばの床下にかくれる。

●部屋の中にポツンと置かれた風呂敷包みを見て主人は首をひねる。中身は自分たち夫婦の衣類じゃないか。そうか！ と主人は誤解する。妻が間男（まおとこ）（浮気）をしていて、これからこの荷物を持って二人で駆け落ちするに違いない、と（当時、きものの類は今よりずうっと貴重で、それなりの値段で売れた）。

●夫は憤懣やるかたない。そこに妻が帰ってくる。夫は風呂敷包みを証拠として〝間男〟だの〝駆け落ち〟だのと言って妻を責める。あらぬ疑いをかけられた妻は逆上。盛大な夫婦ゲンカが始まる。

●それを床下で聞いていた泥棒は気が気でない。しかも夫婦ゲンカの末に熱く煮えたぎったヤカンまで飛んで来る。たまりかねた泥棒は床下から飛び出し、「おかみさん、お逃げなさい」と二人の間に割って入る。キョトンとする夫婦。泥棒は風呂敷包みができたわけを懇切丁寧に説明する。途中で主人は「じゃ、お前さん、泥……泥棒さんだね」と気づく。さん付けである。夫婦の誤解は解ける。「この泥棒さんが出て来なけりゃ、お前と別れなければならなかった。泥棒さんのおかげだ」と夫婦ともども泥棒に感謝するのだった……。

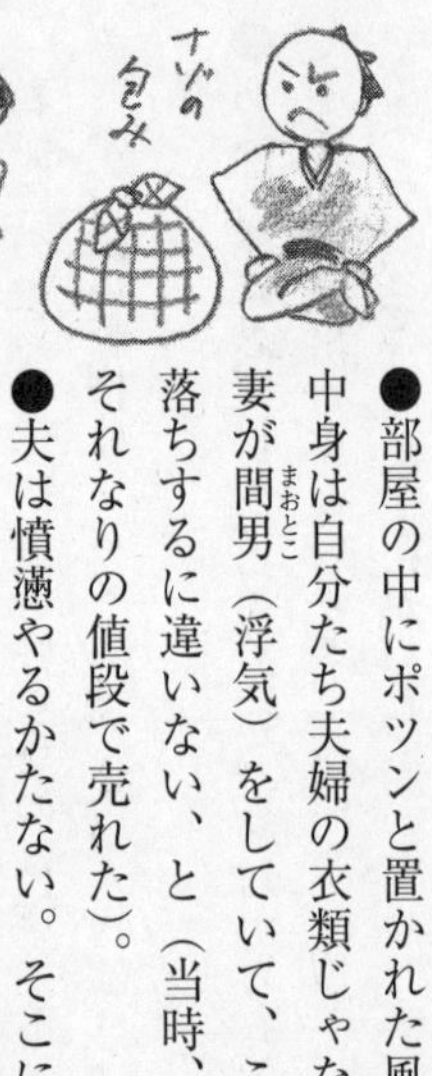

つい飛び出して行って夫婦ゲンカの仲裁に走ってしまう泥棒——というヘンテコなシチュエーションが大いに笑わせるわけだけれど、一番の聴きどころと言ったら、あらぬ疑いをかけられた妻が口惜しさと悲しさをにじませながら、二人のそもそもの馴れ初めから語るくだりだ。

妻は言う。あたしは伊勢屋というお店に行儀見習いをかねて働きに出ていた。そこに出入りしている職人のお前さんと知り合った。お前さんは言った。「みんなが二人があやしいと言っているんだから、ほんとにあやしくなっちまおうじゃねえか」。あたしはそれならちゃんと店の主人やウチの親に話を通してからにしてもらいたいと言ったのに、お前さんは焦って、今すぐ返事をしてくれと言った。「ウンと言ってくれるか、それともこの出刃包丁で刺し違えるか……ウンかデバか、ウンデバか」と言って迫ってきたじゃないか……。

出刃包丁というのはまったく穏やかじゃあないが、「ウンデバ」には思わず笑ってしまう。古今亭志ん朝さんも出刃包丁はちょっと過激と思ったのだろう、夫を大工と設定して出刃包丁の代わりに大工道具のノミを使い、「ウンかノミか、ウンノミか」と変えているのだけれど……やっぱり文楽バージョンの「ウンデバ」の語感のほうが断然おかしい。

笑いながら私がホロリとしてしまうのは、この夫婦ゲンカの終盤に妻が「あ、あたしをぶったね。ぶってもいい。あたしはお前さんとこに死にに来たんだあ」と言うところです。

長屋住まいのつましく平凡な妻の純情が炸裂するような、凄い愛の言葉じゃあないか。

吉原アうちィ持って来てくれりゃア行かねえよ『二階ぞめき』

　吉原というのはただもう女を買う所――というわけでもなかったらしい。張見世（はりみせ）（遊女が見世に並んで客のお見立てを待つ）をそぞろ歩いて、女たちは買わずに眺めて楽しむだけで――ひやかしたり、ぞめく（浮かれ歩く）ことのほうが好きだという人や、吉原独得の雰囲気が何よりも好きだという人もいたらしい。

　古今亭志ん生が得意とした『二階ぞめき』の主人公もそんな若旦那だ。毎晩毎晩、吉原に行って夜遅く帰って来るので親の頭痛のタネとなっているのだけれど、べつだん女に入れあげているわけではない。

「おれァね、吉原てものが好きなんだ。ウン、気分がいいんだ、あすこの……。だから女じゃだめなんだ。吉原ァうちィ持って来てくれりゃア、行かねえよ」

　と言われた番頭は「ははあ」と気づく。「よくこの煙草を好きな人が、煙草をやめちゃうてェと、口ざみしィってんでもって……こう、なんだね……はっかパイプなん

ぞくわえてることがあンでしょ？　その型でどうです？　おたくこの……二階が広いんだ、お店の……。二階を吉原の通りにしてですねえ、で、二階でひやかしてたらどうです？」

というわけで、店に出入りの腕のいい棟梁に頼んで二階に吉原の通りを造らせる。

二階に吉原ができたと聞いて、さっそく若旦那は上がってゆく。その際、ちゃんと「ひやかし」用に古渡り唐桟（とうざん）のきものに着がえるのがおかしい。

さて、上がって見て驚いた。吉原そっくりによくできているのだ。通行人がいないのがちょっと淋しいが、いや、こんな時もあると若旦那は気を取り直す。「ウン、あるある。ねえ、よく、このォ、始終来てるてえと、たまにゃアこういう場合に、でっくわすことがあるな。物日（ものび）で……。客がみんな登楼（あが）っちゃう。ひやかし客も、もうくたびれちゃって、みィんな帰っちまう。そのあと大引け過ぎ……ねえ、二時ちょいっと過ぎた時分に、シーンとしてしまうってえと、聞こえるなァ、按摩の笛に新内流し……。このォ、シーンとしたところを、ひやかしてる……。また実にいいもんだねえ、ウン」

なあんていう調子で、すっかり吉原にいる気分に入り込み、「ちょいとッ、容姿（ようす）のいい兄さん、登楼ってよッ」「なァに、登楼りゃしねえや」うんぬんと一人何役もの一人芝居に突入してしまう。

階下にいた父親はいぶかる。「たまに家にいると、大きな声を出しゃアがって……。あれ、ひとりじゃねえぞ？　おや、喧嘩してやがる」と驚き、小僧の定吉に「二階ィ行って倅ェ連れて来いッ！」と命じる。

定吉は二階に上がってすっかりきれいになっちゃったなあと、ビックリする。若旦那が一人でケンカをしているのも妙だ。「若旦那、若旦那アッ！」と声を掛けると、若旦那はフッと気づいて、こう言う。「なァんだ、定吉かァ？　悪いとこで会ったなア、こりゃア……。おい、おめえ……なア、ここで俺に会ったてえことォ、家ィ帰ったら、親父に……黙っててくンねえなア」――これがサゲ。

二階に吉原というのが想像するだけでもシュールな奇観だ。そんなバーチャル吉原で一人芝居に没入してしまう若旦那のバカさかげんというかノリのよさが楽しい。

弐

江戸的人情

世の中すいすい、お茶漬けさくさく

『刀屋』

感動的にシブイおやじを見た――。

この夏のある日の昼さがり。いつものように私はソファに寝そべってテレビを見ていた。「世界のビックリ映像大集合」といった感じのタイトルの番組だった。以前にニュースで見たものもあり、それほど興味も湧かないまま眺めていた。やがて、カナダ議会にテロリストが乱入した事件の映像(おもに再現ドラマ)になって、私は「おやっ」と思った。

何を要求してだったのか、かんじんの部分は聞きそこねてしまったのだけれど、とにかく一人の男が議会に乱入し、そこにいた人たちを人質に取った。それに対して、一人の警備責任者が一対一の交渉にあたった。

私がその場面の何に興味をひかれたかと言うと、乱入男と警備責任者、それぞれの姿かたちというか、たたずまいのギャップの激しさだった。

乱入男のほうはチェ・ゲバラ風ファッションに身を包んだ、いかにも血気盛んなコワモテの男。年頃は三十代だろうか。椅子に腰かけ、ライフル銃（だか何だか私には見分けがつかないが、とにかく銃身の長いやつ）を構えている。

対する警備責任者は白髪まじりでどこかノホホンとした顔だちの男。スーツにステンカラー・コートを着こんでいて（手に革の書類カバンをさげていたような気もする）、もろ、通勤おやじファッションだ。ついさっきまで「今晩のおかずは何かな、ワインは何にしようかな」と退社時刻を待ちかねていたかのごとき気配をとどめたま、そこにストンと立っているのだった。非常時の渦中にしてはあまりに日常的なたたずまいだった。

乱入男はいきり立って警備おやじに銃を突きつけた。そこに来て、私はガバッとソファから身を起こした。銃を突きつけられても初老の警備おやじは動じることがなく、相変らずノホホンとした顔で何事か乱入男に話しかけていたからだ。

さらに驚いたことには、警備おやじは「ちょっと待ってね」風に手で乱入男を制して別室へと姿を消した、と思ったら、その別室から一杯のコーヒーを手にして戻って来て、乱入男に差し出したのだ。まるでたいせつなゲストに対するかのように。あまりにもフレンドリー。

最後に乱入男は警備おやじに「わかってくれたんだね、うれしいよ」とばかり握手を求めていた。ナレーションによると、乱入男はおとなしく人質を解放し、逮捕されて行ったという。

私は感動した。世の中捨てたもんじゃない。こういうこともあるんだ。こういうおやじもいるんだ。ノホホンとしながら豪胆。シブイじゃないか！　非常時にも動じない心。それこそほんとうの男らしさだよね（ああ、私も男らしくなりたい！）。

落語の『刀屋』（おせつ徳三郎）のおやじみたいだな、とも思った。

若い男が興奮して刀屋に刀を買いに来る。恋人が他の男と結婚するということを知って逆上、いっそのこと二人を斬って自分も死のうと思い詰めたのだ。

刀屋のあるじは、男のただならぬ様子からすべてを察し、おだやかに、それとなくなだめ、こんなことを言う。

「世の中ってェもんはね、あんまり突き詰めちゃあつまらないもんだ。粋に暮らさなくちゃあいけません。〝世の中すいすい、お茶漬けさくさく〟ってェくらいのもんでね」

さらに、その「お茶漬けさくさく」で思い出したかのように、「あたしは急に茶漬けが食いたくなった。お前さんもこちらにあがって、食べてったらどうだい」と誘うのだ。

私、この場面は好きですね。『刀屋』という噺自体はそんなに面白いとは思わない。私にとっては、この場面だけのためにあるような噺。「世の中すいすい、お茶漬けさくさく」という言葉。そして、とにかくいっしょに御飯を食べようという誘い。いいなあと思う。

思い詰めてもどうにもならないことはたくさんある。むしろそちらのほうが多い。時が経てば、あの時なぜあんなに思い詰めたんだろうと、自分でもつくづく不思議に思われることもある。必要以上に物事を重くしないこと――それこそ粋というものだろう。うまく思い詰める術(すべ)があれば、苦しみの底から新しい力を得て浮かびあがって来ることもできるのだろう。私はそんな浮力を、どれだけ身につけることができたかなあ。

思い詰めて苦しくなると、食べ物ものどに通らない。ココロとカラダは分かち難いものだ。としたら「逆も真なり」みたいなもので、食べるという行為がココロのほうを救ってくれることもあるのではないか。おなかを落ち着かせればココロのほうも落ちつく、というぐあいにならないか。食べるという、生きものとして基本のことをする。それで救われることも、きっとある。

スッカラカンの、ただの生きものに戻ることなしに浮力は身につかないだろう。ゲーテだか誰かの「涙とともにパンを食べた人間でなければ人生の味はわからない」という言葉はもしかしてそういうこと？——と私は勝手に解釈している。

イソちゃん

『湯屋番』

居候という言葉は今やほとんど死語だろうが、落語の世界では、欠くことのできない重要キャラクターだ。大店（おおだな）の若旦那が道楽しすぎて勘当（かんどう）（これも死語）の身となり、仕方なく親類や知人の家の世話になる。たいていこのパターン。『船徳』『唐茄子屋政談』などですね。

その中で私がつくづく好きなのは『湯屋番』だ。とりわけ三遊亭圓生バージョン。マクラからして楽しい。自分の子ども時代には多くの家に居候がいたと言い、「質（しち）のあげさげをして借金だらけでどうも困ってるなあんていう家に居候がいたんですから、なかなかどうして得難いもんですな」と言う。

「あたくしの知っている家にイソちゃんという人がいまして、イソちゃんイソちゃんと言って何か小まめに働いているんで、イソちゃんっていう名前だと思っていたんです。イソジロウとかイソキチとか……よく聞いてみたら名前じゃあないんで。居候の、つまりイソちゃん。あとになってまことに気の毒なことをしたなと思いましたが、ナニ、向こうはそんなことは気にもしない」――。イソちゃんと呼ぶほうも呼ばれるほうも、のんき。

と笑いながら、私の胸はちょっと痛む。居候という言葉には苦い思い出があるのだった。

小学生の頃、わが家に歯科大学に入学した叔父（母の弟）のシゲちゃんが同居することになった。というと、さも広い家のようだが、そんなことはない。玄関脇の三畳間を無理してあけたのだ。私たち子どもは突然大きなお兄さんができたように思い、喜んだ。よく遊んでもらった。ある日、私は得意になって言った。「シゲちゃんみたいなのを居候って言うんだよね」。ただもう知りたての言葉を使ってみたかっただけだった。

その時、叔父がどんな顔をしたか全然おぼえていない。おぼえているのは、母にひどく叱られたことだ。「居候なんていっちゃあいけない。ちゃんと家から食費もらっているんだし」。その叔父は七年前に亡くなった。謝っておけばよかった。

『湯屋番』の話に戻る。有名な川柳に「居候、三杯目にはソッと出し」というのがあるくらい、居候は肩身の狭い思いをするものだけれど、落語の中の居候たちは異常に大らかというか、図々しいのが多い。家事を手伝うこともなく、悠然と二階の一間で眠りこけている。居候させている家のあるじはともかく、妻のほうは面白くない。

　というわけで、『湯屋番』の前半は、家のあるじが若旦那に「働いてみてはどうか」とアドバイスする場面。そして後半は、若旦那の希望通り湯屋（銭湯）に就職し、番台でばかばかしい妄想にひたる場面になっている。

　何しろこの若旦那というのが、ねっからウカレた、おめでたい、妄想癖激しきお坊っちゃんだ。それもごく軟派系の、モテてモテて困っちゃう式の妄想。憧れだった湯屋の番台に座り、さっそく小唄の美人師匠とねんごろになるという妄想に溺れる。酒の呑み方などのディテールに凝るところが、バカも念入り。

　こういう男って万国共通。人間の一つの「型」として普遍的に存在するようだ。アメリカでは、ジェイムズ・サーバーが小説『虹をつかむ男』で、ウォルター・ミティという名の男として、この「型」の人物像を鮮かに描き出した（ダニー・ケイ主演で映画化もされている）。わが日本の車寅次郎（『男はつらいよ』）も御都合主義の妄想激しく、ウォルター・ミティ度は高い。

　そういうわけで、以前は断然後半が面白いと思っていたのだけれど、近頃ちょっと好みが変わった。前半もかなり面白い。夜、寝ながら聴くには前半のゆるゆるした駄弁というか閑談が何とも快い。

居候先の妻がゴハンをよそう時、ゴハンの量をケチって絶妙のテクニックを使うところを、「そぎめし」「コキめし」「宇都宮釣り天井めし」うんぬんと絢爛たる（？）レトリックで表現するところとか、金もうけの世界的発明二案についてとうとうと語るところとか（前後の説明抜きに書いてしまうが、スズメが酔っ払って、南京豆をその形から枕とまちがえて「オツな枕が出てきたよ」というところが、私は大好き。かわいい。ばかばかしい）。

「なかなかどうして得難いもんですな」「まことにもの哀れでございます」「はなはだ怪しからんのがいる」といった圓生の古風でニュアンス豊かな言葉も快い。

居候と言えば……（と書いて、あらためて思う。居候って直訳すると「います」「居ります」ってことでしょ。それがそのまま名詞になっているところがスゴイ）この夏読んだ佐藤愛子さんの『今は昔のこんなこと』（文春新書）にこんな話があった。著者の少女時代、家には居候が何人かいて、彼らの厚かましさに飯炊きのみよやは憤懣やるかたなかったのだが、ある日、土蔵の中に居候のそのまた居候＝「隠れ居候」がいるのを発見。「隠れ居候」が彼女を先輩居候と間違えて「おい、たまには肉のつくだ煮かなんか持ってこいよ」と言ったという。著者はこう書いている。「叫び声を上げて土蔵から走ってきたみよやの頬に涙が流れているのを私は見た。そして怒りも頂点に達すると、悲しみと同じ反応があることを知ったのだった」——これも落語ですね。ただし、痛切な。

大家といえば親も同然、店子といえば子も同様『髪結新三』

一日の終わり。落語のCD（あるいはカセットテープ）を聴きながら眠りにつく。これが習慣化してもう二十年以上になる。すでに聴いた噺だと途中で眠り込み、最後まで聴くのに三日も四日もかかることがある。でも、気持よく眠りに誘われるのだから、それでいい。どっちにころんでもOKなのだ。

この数日、聴いているのが三遊亭圓生の『髪結新三（かみゆいしんざ）』。CD二枚（上・下）にわたる長い噺だけれど圧倒的に「下」のほうが面白い。一度最初から通して聴いて、それから「下」だけ繰り返し聴いている。

『髪結新三』と言ったら歌舞伎のほうが有名で、中村勘三郎（十八代　二〇一二年没）が得意にしているので、ストーリーは説明するまでもないかもしれない。とにかく、ちょっと不良（ワル）がかった髪結の新三が、白子屋という大店（おおだな）の娘を誘拐して一騒動を巻き起こすという話です。

歌舞伎版と落語版では異なるところが多々あるけれど、一番の見どころ聴きどころは共通している。威勢のいい新三と老獪（ろうかい）な家主、この二人の対話部分だ。

この家主が、おそろしく抜け目のないおやじ。地元の親分を舌先三寸で押しのけて、白子屋と新三の仲介役におさまって、まんまと三十両という高額の身代金を勝ち取ってしまう。そうして新三には、何だかんだと言いくるめ、たった十両しか渡さない。おまけに、新三が自分で捌（さば）いて食べるのを楽しみにしていたカツオの半身（骨つきのほう）まで巻きあげてしまうのだ。こわいもの知らずの新三も、このチャッカリおやじには手も足も出ない。「かたァ、ねえや、こりゃァ」と自嘲するばかり。

荒くれ男たちを手玉に取って上前をはねる家主の人物像は何度聴いてもおかしい。この家主は確かに「頭脳派」でタフ・ネゴシエーターだけれど、そればかりじゃあない、公的な権力＝警察のような権限も持っていた。「下」の冒頭で、圓生は周到にも江戸時代の家主は今の人が考える以上に権威的な存在だったことを説明している。

その中にポツンと、「大家（おおや）と言えば親も同然、店子（たなこ）と言えば子も同様」というおなじみの言葉が出て来る。私はハッとした。そうか、私は今までこの言葉を誤解していたかもしれないな、と。大家と店子の家族的な親密さを表わす言葉と思って来たけれど、そういう「情」に関する言葉ではなくて、上下関係というか支配・被支配といった「システム」に関する言葉だったのかもしれないな、と。

この『髪結新三』もそうだけれど、CDシリーズ『圓生百席』に収録された圓生の噺は、おうおうにして説明的コメントが長い。今の人は知らないだろうが昔はこうだったとか、ああだったとか。古い言葉もさかんに使っている。

圓生は五歳の頃から寄席で義太夫を語っていたという、生粋の「寄席育ち」だ。『圓生百席』の録音に着手したのが七十代半ば。七十八歳になる年に例の落語協会分裂騒動の渦中の人となり、翌年に仕事先で急逝した。『圓生百席』の修正編集作業には欠かさず参加して、その最終立ち会いをおえたのは急逝の三週間前のことだったという――。そういう背景を知ると、煩瑣なまでの説明的コメントにも、私は圓生の使命感にも似た執念を感じ、しみじみとしてしまうのだ。

ところで。この『髪結新三』の話は映画にも取り入れられている。日本映画マニアの間では有名な山中貞雄監督の『人情紙風船』だ。

山中監督は、昭和十三年、中国大陸で二十八歳の生涯を閉じた。生きていたら小津安二郎、黒澤明と肩を並べただろうというほどの天才的監督だった。フィルムが残っていて今見られるのは、次の三本だけだが、いずれも傑作だ。
●『丹下左膳余話・百万両の壺』（昭和10年。大河内傳次郎のコメディ演技と山中監督の歯切れのいい演出にしびれる。私にとっては三本のうちのベスト）。

●『河内山宗俊』（昭和11年。十六歳の原節子が見られる！　その清らかな美貌。男たちがこの美少女のために無償の闘いを挑むのも無理はない、と思わせる）。

●『人情紙風船』（昭和12年。結局これが遺作に。長屋住まいの浪人が仕官の望みを断ち切られる話に『髪結新三』の話を絡ませたシリアスなドラマ。この映画をベストと言う人が多い）。

『人情紙風船』では、新三の役を前進座の中村翫右衛門（三代目）が演じていた。巧いの何のって。この人の孫が、NHK大河ドラマで俄然注目を浴びた中村梅雀（二代目）だ。ちなみに悲劇的な浪人を演じたのが前進座の河原崎長十郎（四代目）。この人の長男が、「無個性の個性」ナンバーワン俳優の河原崎長一郎で、三男が河原崎建三だ。

とまあ、そういうわけで、『髪結新三』は落語（これが一番先らしい）・歌舞伎・映画と三つのジャンルを横断しているという貴重なドラマなのだった。私は落語『髪結新三』を聴いていると、歌舞伎版や映画版の記憶が重なり、大袈裟に言うなら日本芸能史の一筋の流れのただなかにいるような気分になる。

そんな貴重な噺なのに落語のガイドブックでは『髪結新三』はめったに紹介されていないのが、ちょっと不思議。

『佃祭』
人間がバカだけに、感じ方が激しい

『佃祭』は決して名作とは言えないが、好きな噺だ。

ふとした偶然から命拾いした男の話が中心になっていて、その部分は面白いのだけれど、終盤、急に主人公が与太郎に替わるのが取って付けたよう。しかもサゲが古めかしくて、今の時代にはピンと来ないのが難だ。

それで近頃は終盤をカットして演じられることが多いのだけれど、古今亭志ん朝はあえて最後まで演じた。そうしてくれてよかった。「人間がバカだけに、感じ方が激しい」という名セリフ（少くとも私にとっては）が、終盤の与太郎話の中で飛び出すからだ。

だいぶ回り道になるけれど、『佃祭』のあらすじを説明しておかなくては。
●神田で小間物屋を営む次郎兵衛が一人で佃祭を見に出かける（このくだり、白薩摩（しろざつま）

絣の着物に茶献上の帯で、白鞣の鼻緒の雪駄……という衣裳描写が楽しい）。佃は東京湾にできた小さな島だ。渡るのには橋はなく舟があるばかり。祭をたっぷり楽しんで、最終の舟に乗って帰ろうとしたところを突然、一人の女に呼びとめられ、舟に乗りそびれてしまう。

●一瞬ムッとなった次郎兵衛に、女は恐縮しながら語る。あなたは三年前に本所一ツ目の橋から身投げしようとしていた私を引きとめ、三両のお金を恵んでくれた。命の恩人です――と。次郎兵衛はそんなこともあったなあと思い出す。女はその後、佃の船頭と結婚して幸せに暮らしている様子。女の家でごちそうになっていると、外は騒然。最終舟が転覆沈没して、乗っていた人全員が死んだというのだ。女に呼びとめられなかったら自分は死んでいたのか、とゾォーッとする次郎兵衛。今度は逆に女のほうが命の恩人となったわけだ（このくだり、亭主である船頭の風貌描写が味わい深い）。

●最終舟の転覆沈没ニュースは早くも神田に伝わっていた。次郎兵衛の妻のお駒は大ショック。近隣の人びとが次々に訪れる（このくだり、弔問客たちのとんちんかんに正直すぎる悔やみの言葉、そしてお駒のノロケで大いに笑わせる）。

そんな中、生きた次郎兵衛が帰宅したので一同ビックリ。次郎兵衛が三年前に人助けをしたために命拾いをしたという話をすると、お坊さんは感心し、「人間というものは陰徳というものを施しておかなくてはなりません。そうすれば必ず報われますからな」と言う。

●さて、このあとが問題の与太郎話だ。隅のほうで話を聞いていた与太郎は「そうかっ、人に三両の金を恵んでやって、身投げをしようとしている人を助けりゃ、自分が助かって死なねえですむんだっ。よしっ、じゃあオレァ、身投げェ見つけて助けようっ」と張り切って、翌日から身投げ探しに燃えるのだ。それを称して志ん朝は「人間がバカだけに、ものの感じ方が激しいですな」と言うわけ。

いやー、この一言、初めて聞いた時はほとんど感動しましたね。私が常日頃、モヤモヤと感じていたものに突然、ピッタリの言葉を与えられたような気がしましたね。

例えば……友人のそのまた友人のF（男）。惚れっぽくて、次から次へと恋しているのだけれど、女に対する美化の度合が凄い。映画好きなこともあり、必ず外国の美人女優の誰それに似ているとウットリと語るのだが、相手の女の人を見た友人は「髪型しか似ていなかった」「顔が長いところしか似ていなかった」とあきれている。

あるいは……以前、某有名スター（男）が実はホモなのではと書き立てられた時、私の友人で、そのスターの長年のファンS（男）は顔を紅潮させ涙まで流して「そんなはずがないっ、そんなはずがないっ」と怒っていた。

なぜそんなに夢中になれるんだろう、私は感心してしまうのだ。なぜそんなにまっすぐに信じられるんだろう、なぜそんなに盛大に感情を消費できるんだろう、と。彼らは現実とはちょっとズレたところで昂ぶっているようで、ついてゆけないけれど、でも、何だか、ついてゆけない自分のほうが冷たく、せせこましく、ケチくさい人間――小リコウな人間にも感じられる。いなくなって淋しく懐しく思うのは、案外、彼らのような人たちかもしれない。そう思うから「バカ」という言葉は私にとって、往々にして讃辞なのだ。

ところで先日、萩原健一の自伝『ショーケン』（講談社）を読んだ。読みながら何度か吹き出し、心の中で呟いた。「バカだなあ」――。この「バカだなあ」は映画『男はつらいよ』シリーズ八作目までの「おいちゃん」＝森川信の発声で読んでいただきたい。

ショーケンは、それこそ「感じ方の激しい」男で、「程」というものを知らない。こうと思い込んだら一直線に突っ込んでゆくのだ。

何しろ、ウォーキングに凝って、毎日四十キロ歩いて疲労骨折してしまったという人です。落語で言えば、役どころは八五郎（はっつぁん）でしょう（熊さんより機敏でいなせ）。ポーッとした与太郎じゃあない。

冷やでもよかったんだよ

『夢の酒』

　連日連夜、メディアは世界的規模の金融危機を伝えている。その方面に関して無知な私でも、資本主義が派手に行き詰まっていることだけはわかり、殺伐暗澹とした気分になる。

　つい、先代（八代目）桂文楽の落語CDに手が伸びる。現実のあくどさに辟易して、文楽ならではのノンキでキレイな世界に逃げ込みたくなるのだ。噺はばかばかしく他愛ない程いい。口の悪い幇間（たいこもち）平助がただもうペラペラペラペラとしゃべりまくる『王子の幇間（たいこ）』とか、放蕩者の若旦那が余すところなくバカさかげんを爆発させる『よかちょろ』とか。

　『夢の酒』もいいですねえ。文楽にピッタリの噺（と言うより、私は他の落語家では聴いたことがない）。たぶん、比較的富裕な商家を舞台にしたほほえましいホームドラマだ。最後のオチもみごとで、お酒の好きな人は大いに共感することだろう。噺の展開はこんなふう――。

●ある昼さがり。仕事が一段落した若旦那が奥の部屋でうたた寝をして夢を見る。いささか色っぽい夢だ。

●夢の中で――若旦那が向島で俄か雨にあい、ちょいと粋な家の軒先で雨宿りをしていると、その家の下女に「大黒屋の若旦那じゃありませんか」と声をかけられる。下女は急いで女主人を呼ぶ。その女主人というのがスゴイ美人。「年の頃なら二十五、六。中肉中背。背は高くなく低くなく。色白で目元に愛敬があって」という女。これが「あら、若旦那」と「泳ぐようにして」出て来て、家の中へと招き入れる（私はこの「泳ぐようにして」という描写が好きで好きで）。

女は以前から若旦那に気があったよう。しきりに酒をすすめる。下戸の若旦那は悪酔いし、蒲団を敷いてもらって休む。そこに！　美貌の女主人が「私も悪酔いしました、勘弁してくださいよ」と、「燃えるような長襦袢に伊達巻」という姿で裾のほうにもぐり込んで来た……。

●というところで嫁のお花に起こされる。若旦那は「いい心持に寝ているところを」とムッとする。お花は「あら、夢を見ていたのね、どんな夢」と興味津々。しつこく聞き出す。聞いているうちに機嫌が悪くなり、ついには子どものようにワーッと泣き出す。

●その騒ぎに驚いて「何のこったい」と大旦那登場。二人から事情を聞いて「なんだ、夢の話か」と呆れるが、お花は怒りがおさまらない。「おとっつぁんにお願いがございます。若旦那が向島にいらした夢の所に行って、若旦那に小言を言ってやってください。淡島様（婦人病に効験があるという淡島神社）の上の句を詠みあげて、『ダレソレの見ました夢の所に導いて下されば必ず下の句をお詠み致します』とお願いすれば、その夢の所に行かれると伺いました」と言う。

大旦那はばかばかしいと思いながらも、嫁の言葉に従って昼寝をしてみると、みごとに息子の夢の続きを見ることに成功。

夢の中で――美貌の女主人からは「あら、大旦那」と歓待される。息子のほうは急用で帰ったばかり。大旦那が無類の酒好きであることを女は知っていて、「火を落としてしまったので、お燗がつくまで冷やでどうぞ」とすすめるが、この大旦那は冷やでは呑まない主義。日頃は礼儀正しい大旦那だが、酒となると人格が変わる。「お燗はまだでございますかな」とジリジリしてしまう。女は「それまで冷やで」とさらにすすめる。大旦那は「冷やはいけません、冷やは」と固辞。

●そこをお花に起こされる。大旦那は言い伝え通りに夢の所に行けたことに驚いたうえで、シミジミとこう呟くのだった。「冷やでもよかったんだよ」――。『夢の酒』はそんな噺。お嬢さん気分がまだ脱けきらず、夫の夢にまでヤキモチをやく嫁の、その心持がかわいい。舅である大旦那は「昼寝は嫌いだ。今まで昼寝なぞしたことがない」という実直で勤勉な男で、息子にはきびしいのだけれど、若い嫁には妙に甘い。そこも何だか好もしい。

昔(おそらく明治の頃)のプチ・ブルジョワ家庭に、ある日、巻き起こった小ドラマ。その他愛のない笑いと情の世界にひたるのは何とも言えない快感だ。

資本主義もこの時代はまだういういしくて、のどかなものだったのよねえ、きっと。「物を売らずに金が金を生む」なあんて商人(あきんど)としては二流三流のすることって思われていたんじゃないの、きっと。時節柄、ついそんなことも思ってしまいます。

他人が見た夢の世界に入って行って、その続きを見る――というのも、話に幻想味や雅味のようなものが加わって、面白い趣向だ。

夢を題材にした噺は多い。若旦那が見たような色っぽい夢は、『浮世床』ではもっと長く、もっと詳細な形で展開される。床屋にタムロしている若い衆の一人が粋な年増とこうして出会い、こうしてお近づきになり……と迫真の語り口でモテ話をして、仲間たちの関心をさんざんあおったあげく、「（その年増が）俺の蒲団に少々いれていただきたいと、言ったところで起こしたのは誰だっ！」と怒るのだ。こちらも「いいところだったのに」パターン。「いいところ」まで行ったら落語にはならない。

火事とケンカは江戸の華『火事息子』

「火事とケンカは江戸の華」というのはよく知られた言葉だけれど、そのあとに「そのまた華が町火消し」と続けることもあったようだ。

江戸時代の消防組織というのは大きく分けて①大名火消し、②定火消し、③町火消しの三種類あったという。①と②は武家を対象にしたもので、町家の火事にはタッチしない。知らんふり。それじゃあマズイだろうというので、かの有名な大岡越前守忠相が町家の消防にあたる組織（いろは四十八組）をこしらえたのだという。

当然、町人たちにとっては①②の火消し人足たちより、町火消しのほうがありがたく、頼もしい。火事装束や纏なども断然ファッショナブルだったしね。①や、「臥煙」と呼ばれた②の火消し人足たちのほうはオシャレ度低く、町人泣かせの乱暴者が多かったので、火消しと言ったら町火消しのほうが圧倒的に人気が高かったという。

火事は江戸名物だったので、落語の題材にもなっている。有名なところで『富久』

『鼠穴（ねずみあな）』、そして『火事息子』。

若いうちに聴いたらどうかわからないが、いい歳になって聴くと、『火事息子』はけっこう心にしみる。前半は江戸っ子の火事好き（ひとごとだと思って、まるで花火を見物するような浮かれっぷりで火事見物をするのだ）や、近火にあわてて蔵の目塗り（火気などが入らぬよう土で防ぐ）をする大店（おおだな）の騒動をスケッチして大いに笑わせるのだが、後半は親子の情愛話へとなだれこんでゆくのだ。

神田三河町の立派な質屋。ここの一人息子は、幼い頃からの火事好きが高じて家を飛び出し、評判の悪い「臥煙」になる。当然、勘当（かんどう）。

音信不通となって五年後。その質屋の近くで火事が起きた。息子は両親や店が心配で、こっそりと様子を見に行く。

蔵の目塗りを手伝ってくれた親切な「臥煙」が若旦那であることを知った番頭は、気を利かして大旦那に引き合わせる。息子は勘当したのだからと、他人行儀な口ぶりで話そうとしながら、ついつい父親の情が小言混じりにあふれてしまうところが、面白く、また、せつない聴きどころだ。

「他人（しと）の噂によりゃアなあ、火消屋敷の人足になったってえが、親なんてェもんは、目の当たりにこうして見るまではな、よもやそんなことァあるまい、よもやあるまいと思ってるもんだよ……（略）いいかァ？　人間というものはなァ、いつまでも若えんじゃアねえぞっ、ええっ、これがおめえ、少し歳をとってきて、体が利かなくなってきて、で、おめえ、あすこを跳ぼうなんと思って、もし跳び損ねたときにゃ、どうすんだい、おめえ、落っこってケガでもし……」と思わず真剣になってしまい、もう勘当して他人となっている相手だとハッと思い出し、心を鬼にして「もう帰んな。出ていきなよ！　出てっとくれ！」と言う父。それを息子は体べったりの彫物をかくすようにして、へっ、へっついの脇に小さくなって聞いている。

父は、ふと思いついて言う。「このまんま帰したてえのが、あとでおっかさんに知れてみろ、ええっ、うるさくてしょうがないから、ちょいと待ってなよ、おっかさんに挨拶ぐらいしとけ」。

呼ばれて奥から母親が出てくる。私はこの「おっかさん」が好きで好きで。何しろ、法被一枚に下帯だけの息子をみつけると、いきなり「あらまあ、芳坊や、まあ、ほんとだねえ、いやあ、たいそう威勢のいい恰好して、おまえ、ええっ、まあ見事なイレズミじゃあないか……きれいだねーえ」と嬌声をあげて感嘆するのだ。「火事があれば会えると思ったんで、おっかさん、朝晩神様に手ェ合わして、『どうかご近所で、大きな火事がありま』（すようにと祈ってる）」とまで言うアナーキーさなのだ。

勘当した息子だが、着るものにも不自由しているのはかわいそうと母は同情する。父は息子に金品を渡す妙案を思いつく。母は大喜び。「この子はね、えー、男っぷりがいいから、粋な物が似合うんですよ」「この子ね、色が白いだろ、だから黒い物が似合うんだよ」と、息せき切って、結城(ゆうき)紬だの西川の唐桟(とうざん)紬だの、茶献上の帯だのと並べ立てる。

大甘の母親なのに、妙に憎めない。かわいい。苦労知らずのお嬢さんがそのまんま歳をとっただけなのだろう。親族会議で息子は勘当と決まって以来、昔の女らしくおとなしく決定には従ってきたのだろうが、内心は全然納得していなかったに違いない。封建社会の親子関係においては、父がおもにタテマエを、母がおもにホンネを担当していたのだろう。

私は二十代の終わりに念願の家出をした。フリーランスの雑誌ライターとして生活してゆけるかどうかの確信もないままに。父はショックで三日間寝こんだ。

今や、私はその頃の両親と同じ年頃になってしまった。そして、「あの頃の私、親の気持なんて考えていなかったなあ」と、ほとんど愕然となる。それでもやっぱり……「たとえ親の気持がわかっていたとしても、私、同じことをしただろうなあ」と苦笑してしまうのだ。文字通り苦い笑いです。

江州浪人柳田格之進

『柳田格之進』


　十数年ほど前、大蔵省の汚職事件が次つぎと発覚、当時の三塚大蔵大臣が辞任するほどの騒ぎとなった。私はこの騒ぎの中で初めて「MOF担」という言葉を知ったのだが、それよりもインパクトがあったのが「ノーパンしゃぶしゃぶ」だった。パンツをはいていない女の子が、しゃぶしゃぶを給仕する。当時はそういう店がはやっていたらしい。「色」と「食」の強引な合体がかもし出すガツガツ感（下品とも言う）がスゴイよねえ、「ノーパンしゃぶしゃぶ」というネーミングも麻雀みたいだよねえ、メンタンドラドラみたいだよねえ……と、ばかばかしすぎて笑うしかないのだったが、ふと、落語好きの友人が、

「柳田格之進のような役人はいないのかっ⁈」

と憤然とした口調で言ったのが最高におかしかった。冗談としても本気としても面白く、いまだに忘れられない。

柳田格之進というのは落語『柳田格之進』の主人公で、まあ、ひとことで言うなら立派なお侍の代名詞のような人物なのだ。

正直で硬骨。清廉潔白で文武両道に長け、曲がったことが大嫌い。武士のかがみのような人なのだが、現実の人間社会は生ぐさいもので、そういう人物がかえって人に疎まれるということもある。上役の讒言によって浪人となり、今は十九になる美しい娘と二人で長屋で貧しく暮らしている。

格之進は碁会所で裕福な商人である萬屋源兵衛と知り合い、やがて萬屋の邸で毎日のように碁を打つほど親しくなってゆく。貧しい武士と豊かな商人の間に、身分を超えた敬愛の気持が生まれてゆくのだ。江戸は身分社会とはいえ、きっとこういう、同じ趣味や人柄への共感によって、異なった身分の者どうしが対等気分で親しく交流した例もあったのだろう。なんだか、いいよねえ、そういうの。

そんなある日、一大事が起きる。例によって萬屋の邸に碁を打ちに来ていた格之進が帰宅したあと、部屋にあったはずの五十両が紛失していることが発覚するのだ。

番頭は格之進が盗んだのではという疑惑を抱く。主人は「あの方は立派な人だ、そんなことをなさる人じゃあない」と怒り出す。子どもの頃から尊敬する主人のために忠義を尽くしてきた番頭は口惜しくてならない。要するに格之進に対するヤキモチ。

そこがかわいい。独断で格之進の住まいを訪ね、五十両に心当たりはないかと問い詰める。

当然、格之進は激怒。ぬれぎぬだと主張するものの、奉行の取り調べを受けることになれば御主君にも柳田の家名にも傷がつくと考え、「その五十両、拙者が出そう。あす昼過ぎに来なさい。きちっと揃えておこう」と番頭に言う。番頭はそらみたことかと溜飲をさげ、店へと戻ってゆく。

その一部始終を聞いていた娘の絹は、静かに、けれどキッパリとこう言う。「お父上。どうぞ、お腹を召すことだけは、おとどまりくださいまし」

武士のかがみのような父は切腹によって汚名をそそごうとするに違いないと、絹はちゃんと見抜いていたのだ。そうしてさらに驚くべき提案をする。ビックリ仰天する父に、この誇り高く気丈な娘は、こう言って、その提案をしめくくるのだ。「父上。絹は武士の娘でございます」。

しびれる一言だ。芝居なら掛け声のかかるところ。封建思想まるだしの、ばかばかしい言葉なんて思わない。理由はよくわからないまま、ある種の美しさを感じずにはいられない。「精神」とか「魂」の優位を信じている人だけが持つ美しさか。

この父と娘のシリアスなやりとりが前半のハイライト。後半は、たっぷりと笑いを盛り込みながら、萬屋の主人と番頭の互いを深く思いやる主従愛を中心にハッピーエンドへとなだれこんでゆく。

『柳田格之進』はもともとは講談だったのを落語に作り変えた噺だという。昔だったら（戦前までだったら？）立派なお侍の話としてスンナリ受けいれられたのだろうが、今の感覚では「ツッコミどころ満載」の噺のように感じられる。特に二つの大きなツッコミどころがある（これを書いてしまうと落語を聴く興をそぐので秘密にしておきたい）。古くさく、不自然で、ばかばかしく感じられるところがあるのは確かだ。

古今亭志ん朝は十分にそのことを意識して、マクラをはじめ細部にわたって、今の時代にも通じるような工夫を凝らしている。物語や登場人物のセリフを今風に改変するのではなく、古風な味をきちんと残しつつ、時どき、現代の感覚ではこうだけれど……と知的距離を置いてみせることによって、逆に噺にリアリティを与えているのだ。おかげで聞き終わった時には、「ツッコミどころ満載」なんていう言葉が卑しく浅はかに感じられる程、「ああ、いい話を聞いたなあ」と、すがすがしく満ち足りた気持になる。

世の中どう変わろうと柳田格之進（と、その娘・絹）は「立派すぎて美しくヘン」という不滅の人物像なのだった。

待ちかねたァ

『淀五郎』

子どもの頃、四歳上の兄が買ってもらっていた『講談全集』と子ども向きの『世界名作全集』を夢中になって読んでいた。両方とも講談社（当時の社名は大日本雄弁会講談社！）から出版されていたシリーズだ。講談社は創業百年を超える出版社だが、社名から察するにもともとは講談の速記本を中心に出版していたのだろうか。

その『講談全集』の中で最も好きだったのが『赤穂義士銘々傳』だった。「浅野内匠頭、松の廊下での刃傷」はもちろん、「堀部安兵衛高田馬場の仇討」や「神崎与五郎かながきの詫証文」や「赤垣源蔵徳利の訣れ」など義士たちの群像劇にわくわくした。

だから初めて歌舞伎で『仮名手本忠臣蔵』を見た時は、あれえ?! と思いましたね。高田馬場の仇討や徳利の訣れなどのエピソードが出てこないのだもの。講談の義士伝と歌舞伎の忠臣蔵とは、あんまり接点はないのだった。

その代わり落語と歌舞伎は『忠臣蔵』において深いかかわり合いがある。何しろ歌舞伎の『仮名手本忠臣蔵』の大序から十一段目までのほとんどすべて、各段にちなんだ落語が存在するのだから。

その中でも特に有名なのが、四段目にちなんだ『淀五郎』と『四段目（蔵丁稚）』。そして五段目にちなんだ『中村仲蔵』だろう。

ここではあえて古今亭志ん生バージョンで『淀五郎』について書きたい。

志ん生というと笑いの多い滑稽噺（特に貧乏長屋モノ）が得意というイメージだけれど、案外シリアスな人情噺（ドラマ性の強い噺）もいいんですよね。巧いんですよね。だいぶ前だけれど、ＣＤで『淀五郎』を聴いた時、そう思った。

ザックリとしゃべっているようで、ちゃんとメリハリをきかせてストーリーを展開してゆく術を心得ているのだ。そのストーリーテリングの巧さはもしかすると、落語家として売れなかった頃、一時、講釈師をしていた中で習得したものかもしれない。

さて。『淀五郎』は実在した歌舞伎役者・澤村淀五郎の『仮名手本忠臣蔵』四段目をめぐる演技苦心談だ。

●淀五郎は「相中（あいちゅう）」と呼ばれる下っぱ身分の若い役者だ。家柄のない役者は頑張っても、せいぜい「名題下」という身分になるくらいで、「名題」になることはめったにない。ところが、『忠臣蔵』の判官役が病気になったため、まだ「相中」の淀五郎が判官役に抜擢されることになった（志ん生はこれを「前座がいきなり真打になったようなもの」と表現している）。

●四段目と言えば、判官が切腹するところに大星由良助が駆けつけて「御前」と声を掛けると、判官が息も絶えだえ「待ちかねたァ」と言うところが見せ場なのだが、由良助を演じる團蔵は花道の、いわゆる七三の所に座ったきりで、判官の近くにまで歩み寄ってこないのだ。淀五郎の判官の芝居があまりによくないので、そばに寄れないというわけだ。

●悩んだ淀五郎は、翌日の舞台でほんとうに腹を切り、そのかわり團蔵も道連れにしてやろうとまで思い詰める。そのつもりで座頭の中村仲蔵のところにいとま乞いに行くと、仲蔵はすべてを察し、いくつかのアドバイスをする。

●翌日の舞台。團蔵が花道に出ると、淀五郎の判官はそれまでと一変し、真に迫っている。うれしくなった團蔵は

「御前」と声を掛け、判官のそばに初めて歩み寄る。淀五郎は心の底から言う。「待ちかねたァ」――。これがサゲ。

いくらヒヨッコの演技が気に入らないからと言って、由良助を演じるベテラン役者が花道に座ったきりになって芝居をこわすなあんていうイヤガラセをするだろうか？ そもそも淀五郎が死ぬ覚悟までするなんて極端すぎないか？ という疑問が湧かなくもないのだが……名人伝説には、どうもこういう「いくら何でも」的な極端さが不可欠のようだ。「いくら何でも」なんて醒めたツッコミなんか入れちゃあいけないのよ、きっと。ヤボなのよ、きっと。役者だましいの織り成す一種のサクセスストーリーとして愉しまないとね。

い〜い定九郎だったなあ

『中村仲蔵』

　淀五郎にアドバイスした中村仲蔵こそは、歌舞伎役者のサクセスストーリーのナンバーワンだ。こちらも実在した役者で、淀五郎同様、門閥のない下っぱだったが、『忠臣蔵』五段目の斧定九郎（おのさだくろう）の役に抜擢されて、大評判をとり、精進努力のすえ、名優の名を残すことになる。

『淀五郎』よりも大物だしドラマティックなので、林家正蔵（彦六）や三遊亭圓生や金原亭馬生（十代目）などがそれぞれの個性を生かす形で手がけている。古今亭志ん生バージョンは他の人たちほど話がこまかくなく、ザックリしている。
●この話の前半のハイライトは、仲蔵がそれまでとはまったくイメージの違う定九郎像を生み出すところだ。
『忠臣蔵』五段目というと、判官切腹の場である四段目のあとで、しかも上演時間がお昼どきになる。殺し場はあるものの定九郎のいでたちと言ったら、夜具縞のドテラにタッツケをはいて山岡頭巾という山賊のような冴えないものなのだ。それゆえ弁当を食べるあいまに見る程度の幕――「弁当幕」と呼ばれていた。

そんな役でも仲蔵にとっては抜擢には違いないので、役作りには苦心した。何とかいいアイディアはないものかと柳島の妙見さまに願をかけ、ちょうど満願の日の帰り道のこと、にわか雨にあう。近くのソバ屋で雨やどりをしていると、一人の浪人が入ってくる。その姿を見て仲蔵はハッとした。黒羽二重の紋付きの裏を引っぺがして一重（ひとえ）にし、頭は五分にのびた月代（さかやき）、刀を落とし差しに、裾を尻はしょり、手にした破れた蛇の目傘はグッショリ濡れている。色白で目もとに凄みのあるイイ男。濡れたたもとを絞っている。

「あっ、これだ！」と仲蔵は心の中で叫ぶ。

定九郎は落ちぶれたとはいえ、もとは家老の息子。山賊のようないでたちなのはおかしい。これだこれだ、定九郎のイメージは。

●というわけで、仲蔵はそれまでとはまったく違ったファッションの定九郎像を作って、初日に臨む。客たちは「弁当幕」と思っているところに、突然、それまで見たこともない、パンクな（？）美と凄みあふれる定九郎が登場したので唖然としてしまう。

あんまり驚いて、よすぎて、声を失ってしまったのだ。ホメるタイミングをはずしてしまったのだ。

●ところが演じている仲蔵は内心ガッカリしてしまう。掛け声や拍手が巻き起こるかと思っていたのに、場内シーンとしているのだから。失敗したんだと思い込む。ここからが後半のハイライト。

●帰宅した仲蔵は、もうこうなったら江戸にいられない。上方にでも行くしかないと家財道具を売り払おうとする。と、そこに師匠からのお使いが来る。叱られるのだなと覚悟して師匠を訪ねると、意外にも師匠はこう言うのだった。「い〜い定九郎だったなあ」——。仲蔵の賭けはみごと当たったのだ。成功したのだった。

　とまあ、そういうお話です。これまた「いくら何でも」という感じがしなくもない。いくら何でも、新しい定九郎像に感心したからって、まるっきり拍手も掛け声もかからなかったなんて。最初は唖然としたとしても、幕がおりる頃には讃嘆の声や拍手が湧き起こるものなんじゃないか？　ウケたかウケなかったかは役者だったら気配でわかるものなんじゃな

いか？

なあんて疑問を抱いちゃあいけないのよね、やっぱり。名人伝説ってこういうものなのよね、やっぱり。失意と歓喜、そのギャップの激しさがドラマティックな快感を生むのだから。

歌舞伎を少しばかり観てきた者にとっては、仲蔵が作った定九郎像しか知らないので、もとは全然違うイメージだったということのほうが意外。そのくらい仲蔵が作った定九郎像は鮮烈で、五段目一番の見どころと言っていい。

何年前だったろう、今の市川海老蔵（十一代）が定九郎を演った時は、いやー、きれいでしたね。白面に黒衣、そこに紅い血がタラタラと。その強い色彩美にみごとに映える海老蔵。客席からは深い溜息と拍手が湧いた。

蛇足のようになるけれど、志ん生はこの噺の中でこんな意味のことをフッと言っていますね。「名人になる人というのは、ずうっと巧い人か、ふだんはバカみたいにボンヤリした不器用な人だ」と。仲蔵も自分も後者——不器用な人間だと言いたかったに違いない。そして不器用な人間のほうがもともと巧い人よりは大成するものなんじゃないかとも思っていたに違いない。

こまかいことだけれど、この噺の中で志ん生は斧定九郎の父親・九太夫をクロベエと言いまちがえている。志ん生は時どき平然と人名をまちがえる。他の噺家だったら「あ、しくじっている」と一瞬白けるのだけれど、志ん生だとあんまり気にならないんですね。本人も気にしてなかったようだ。ご愛嬌ですんでしまう。変種の「名人」と言うべきか。

遊びを体に付けてもらいたい

『百年目』

最近私が笑い、感心もしたのは、テレビニュースで見た芥川賞・直木賞贈呈式の一場面だ。

芥川賞を受賞した田中慎弥氏は「もらってやる」発言で一躍注目の的となった。この贈呈式ではどんなコメントが飛び出すことかと会場の人びとは息を呑んで見守っていたに違いない。そんな中、田中氏は「ありがとうございました」というそっけない一言で済ませてしまった。会場は一瞬、微妙な空気に支配された……と、思うまもなく、司会進行役（文藝春秋の編集者）が、こう言ったのだった。「万感の思いが込められている一言だったと思います」。場内、爆笑。田中氏本人もホッと救われたんじゃないかと思う。大人の、ナイスなフォローだった。

田中氏の「もらってやる」発言は、受賞者のコメントとしては型破りだけれど、私は、「あ、不器用な人なんだな。べつだんヒネって言っているわけでもなく自然に出てしまった言葉なんだろうな」と思っていた。私自身が不器用で、フォーマルな席が大の苦手だから、そう思ってしまうのである。

それとどう関係があるのかうまく説明できそうもないけれど、古今亭志ん朝の『百年目』という噺のマクラを連想せずにはいられない。志ん朝はこう言っている。芸人の中でも人前で何かをやるというのが、好きでたまらないという人とそんなに好きではないという人とがいる。――という話に続けて、

「森繁久彌なんという方はそうですな。ええ、何度かお付き合いをさしていただいたことがありますけれども、あの方はとにかくも、人の前へ出たくてしょうがない。で、いっぺんお話をうかがったところ、『そうなんだよ、もう僕は台詞がなんにも入って(覚えて)なくとも、とにかく舞台へ早く出たくて出たくてしょうがない。で、とにかく一番真ん中へツーーーッと出てく。意味もなくまん真ん中へ。前のほうへ出ていく。で、台詞がわかんなくなると後ろィこう下がってって、プロンプターに聞く』というようなわけですが」と語っていた。

それと似たタイプだったのが、(三代目三遊亭)円歌と初代・林家三平で、逆に前のほうに出て行かなかったのが三木のり平だったという。

「あたくしの親父(志ん生)なんかァ、あんまりこの、人の前に出たがりませんでし

た」。志ん朝自身も、こちらのタイプだという。芸それ自体に対する愛着と、人前で何かをやるということの間には、微妙な違いやズレがあるのだった。森繁久彌や林家三平にはたぶん両者は一体になったもので、何の違いもズレもなかったのだろう。羨ましくも、眩しい人たちだ。田中慎弥氏とはまったく対極……。

マクラについての話が、つい、長くなってしまった。さて。『百年目』は珍しく大店の大番頭が主役の噺である。昔の大店のしくみや雰囲気がよくわかるうえに、お花見シーズンにはちょうどピッタリの噺になっている。

●冒頭に昔の大店のしくみがザッと説明される。だいたい十一歳くらいの時から「小僧」として十年間無給で奉公する。それにあと一年「お礼奉公」と言ってただ働きをしたあと、「手代」ということになって給金をもらうことができる。二十七、八歳になって、番頭になるが、所帯を持った者はそこから店へ通ってくる。これは「通い番頭」と言われる。

所帯を持たずそのまんま、そこのうちに居っきりになって大番頭になったのが、この『百年目』の主役（四十三歳）だ。大旦那からは商売一切のことを任されているので、店の中では絶大な権力を持っている。「普段店の帳場にこう座っておりまして、みんなをこうジイッと見ております。だからもうたいへんに怖がられておりましてね。ええ。もうのべつ小言ばかり言っておりまして……」。

今日も今日とて、ひとしきりガミガミと小言を並べたあと、大番頭は「ちょっと番町のお屋敷のほうを回ってきますから」と言って外出する。

ところがところが、大番頭が向かった先は細い路地をスッと入って行った先の駄菓子屋の二階で、ここが大番頭の大変身の場なのだった。「自分の簞笥が預けてありまして、これからすっかりお召替え。もう肌襦袢から足袋にいたるまですっかり替えてえやつでね。長襦袢なんぞは贅沢なもんで、別誂い。ねえ？ 友禅の染めでございまして、藤色のちょいとこの、薄いやつで、そこにこの「釣鐘弁慶」ですとか「藤娘」だとか、いわゆる大津絵がいろいろとこう染め抜いてある。背中ンところには「矢の根」の五郎がクワーッと矢ァ持って構えているなんというような、これが自慢です。上には結城紬の対服を着まして綴の帯を締めて白足袋を履いて雪駄履き。どう見てもご大家の旦那といういでたちでございまして、急いで柳橋イやってくる」。

柳橋から向島まで、芸者衆や幇間をワーッと引き連れて船で遊びに繰り出すという趣向なのだ。見た目は大変身したものの、大番頭の警戒心は強く、人に見られぬよう、ずうっと船の障子を閉めっきりにしていたのだけれど、やがて暑さと酔いに負けて、障子をあけてしまう。それぱかりではなく、他の人たちの誘惑に乗せられて土手へと出てしまい、鬼ごっこに興じることになってしまう。

大番頭は手ぬぐいで目隠しされ、「鬼」になる。「自慢の長襦袢をこう見せようってんで」肌脱ぎンなって大騒ぎ。

●さて、そこに通りがかったのがお店の旦那と幇間医者の玄伯さん。鬼ごっこに興じている一団のめってきて、旦那に抱きついてしまう。「鬼」が酔ったはずみでつんのめっ「鬼」がどうも店の大番頭に似ていると思ったら、「鬼」が酔ったはずみでつん

「鬼」がどうも店の大番頭に似ていると思ったら、つかまえたとばかり大番頭が目隠しをはずすと相手は旦那だったのでビックリ仰天。サア、ペタッと平伏して「はっ……どォも……お久しゅうございます……」、うんぬんとわけのわからぬことを口走ってしまう。

堅いのが売りの自分の思いがけない姿を見られてしまったのだ。小言をくうどころじゃない、もしかするとクビになるかもしれない……と大番頭は悶々として、その夜、一睡もできない。

翌日、旦那からお呼びがかかる。恐縮しまくって旦那の部屋を訪ねると、意外にも

旦那はおだやかで機嫌がいい。「正直言うとねエ、ちょいと心配だった……。ええ？　あんな豪勢な遊びをするんだァ、間違いがあっちゃ困る」というので、いつもは任せきりにしている帳簿を見て、よく調べた。その結果、「これっぱかりも欠損がない。ね？　ああー、おそれいったなと思ったね。いやァほんと。いや、皮肉じゃァないよ」

「お前さんはちょいとねえ、堅すぎるだろ？　ええ？　あれじゃァこれから一本立ちになって他人様とお付き合い、これァたいへんなことだと思ってね、心配してたんだ。おお。それだけに、きのうのあの様子を見てあたしはね、ほっとしたよォ、ねえ？　結構な遊びだァ、粋なもん」とほめちぎるのだった。

●そのうえで旦那は一つの教訓話を持ち出す。

昔、南天竺というところに栴檀という立派な木があった。その木の根っこには南縁草という大変に汚い草がパアーッと生えていた。で、ある人がみっともないというので南縁草をすっかりむしってキレイにしてしまった。すると、それまで栄えていた栴檀という木が枯れてしまった。つまり、実は、その南縁草という汚い草が、栴檀という木にとってはいい肥やしになっていて、栴檀がおろす露が南縁草にとっては何よりの肥やしになるという関係なのだった。

この関係を店にたとえて言うなら、私（旦那）が栴檀だとしたら、大番頭のお前さんが南縁草。そしてまた、お前さんが栴檀だとしたら店の者たちが南縁草。旦那は大番頭にこう諭す。「どうもなんかねえ、店の栴檀はたいへんに威勢がよいんだけどもねえ、南縁草がなァんかこう、萎れかかっている。あれね、枯らしちまうってェとね、お前さんも枯れますよ。と、あたしも枯れるン。これァ困ったことだ。だからさっき言ったその、遊びを、大事にしてもらいたい。ねえ？　遊びを体に付けてもらいたい。そうするてェと違ってくる。早い話が、お前さんはできるだけ露を降ろしてやってもらいたい」

というわけで、大番頭の隠れた遊びは叱責されるどころか逆に称揚されるのだ。

店の奥に引っ込んでいるだけかのような大旦那が、店の下っぱたちの気持を代弁してやっているところもエライじゃないか。

「お付き合いで遊ぶんでしたら番頭さん、かまいませんから、店のお金ェ、どんどん使ってくださいよ？　向こうが五十両だったら百両、向こうが百五十両だったら三百両。相手に引け取っちゃ困りますよ。商売のきっさきがなまっていけない」

というところなぞ、先祖代々、堅いつとめ人で商売の世界――特に昔流の接待文化で成り立っているような商売の世界を知らない私なぞ、そんなもんかなあと圧倒される。後半の主役はおうようような魅力を持った旦那のほうと言ってもいいかもしれない。「ところで、きのう会ったときに「お久しゅうございます」と言ったのはなぜか」と旦那に問われたのに対し、「ここで逢うたが百年目」という古風な言葉から、大番頭が「堅い堅いと思われておりました番頭が、旦那様に出っくわして、ああ、これがもう百年目だと思いました」というのがサゲで、タイトルにもなっている。サゲとしてはちょっとわざとらしい感じと言えなくもない。

教訓くさくなりそうな噺を志ん朝はシッカリと、でもサラリとした感触で語っている。

参

遊びごころ

行燈部屋へでも、さがりやしょう　『居残り佐平次』

「水清ければ魚棲まず」と言いまして……。あんまり清廉潔白な社会では人は息苦しい思いをする。ほどほどの濁りや澱みがあったほうが生きやすい。人間の愚かしさや醜さに鈍感のままユートピア社会を志向する思想は必ず破綻することになっている。人を魚、この世の中を海として見るならば、当然、獰猛な深海魚もいるわけだ。水面近くより水底のヘドロのような所のほうが棲みやすいという人たちが。

二〇〇七年の夏、「L&G」という会社が世間を騒がせた。「100万円を預ければ年利36％」などと高利の配当をうたい、約五万人から一千億円超（！）を集めたものの経営が破綻、配当がストップ。「L&G」の波和二会長は出資法違反の疑いで強制捜査を受けた——というあの事件。

「L&G」の社名の由来が「レディース・アンド・ジェントルメン」だというのには思わず脱力。お茶目すぎないか。さらに電子マネー「円天」というのがあって「円天市場」で買物すれば、いくら使ってもオカネは減らないというのだから、おそろしくあやしい。普通はそう思うだろう。「減らないオカネ」って……すごいコンセプトよね。

そんなマンガじみた話に五万人もの人たち（おそらくその多くは中高年）が引っかかってしまったというのはどういうことなのだろう。マネーゲームに無知な私はライブドア事件の詳細をニュースなどで知った時、「今の時代って、オカネは何の実体もなくなったかのようだなあ。オカネというものがどんどんバーチャルなものになってゆく。実際、インターネットの中ではバーチャルな市場も商品もカネも存在しているというし……」と感じた。

そんな時代の空気の中でカタギの中高年たちまでが「円天」や「円天市場」というバーチャルな金融システムを真に受けたのだ。リアリティを感じてしまったのだ。

さて。テレビニュースで「L&G」の波和二会長の姿を見て、私の胸はときめいた。イイ顔（ファッションも）してるじゃないか。いかにも「喰えないおやじ」。深海魚の顔だ。人の世の、煩悩渦巻くヘドロの中で鍛えた顔だ。と言ってもバイオレンス系ではないから、こわさはムキダシにせず、「清濁併せ呑む」式の懐の深さをアピールしている。泥くさいのだけれど、その泥くささこそが人びとの心を惹きつけたような気もする。「法の華三法行」福永法源の感じも少々。

90年代後半、「KKC」事件というのがあった。社名は「経済革命倶楽部」のイニシャルを取ったという。やっぱりフシギな経済理論を展開して会員を募り、公称五百億円超（！）を集めたものの、詐欺容疑で逮捕された。その「KKC」の会長も「いかにもー」のイイ顔をしていたなあ……と思っていたら、今回の「L&G」の幹部には『KKC』の元幹部がいたという。それから沈没船の引き揚げ事業と称して五百億円（！）を集めて逮捕された「リッチランド」の元会長も。「L&G」は深海魚の中でもスター級が集結していたのだった。

被害者のことを思えば笑っちゃあいけないが、どうもこういう「ビジネス」にはおかしみがつきまとう。落語みたいだなと私は思う。シビアな落語。落語は江戸という（当時、世界的に見ても）大都会で生まれ、練り上げられた芸能だから、考え方の根本がクールというかスレッカラシというか。「だますより、だまされるほうが悪い」と考えているフシがある。

だから、『居残り佐平次』なあんていう、天才的ペテン師が大活躍の噺も生まれるわけだ。やけにホガラカで調子よく口の達者な佐平次という男。品川の遊廓でさんざん豪遊したあげく、嘘八百で代金を踏み倒したばかりでなく旅費や衣類まで巻きあげる。そんなワルが痛快に感じられるのは、巻きあげた額はたいしたことがないし、組織ではなく一匹狼としてふるまっているからだろう。第一、愛敬たっぷり。憎めない男なのだ。

『居残り佐平次』は、やっぱり古今亭志ん朝バージョンが最高だと思う。遊廓の若い衆を言葉巧みに言いくるめるところ、絶品だ。言い逃れがきかないと知っても、あわてず騒がず、「行燈部屋へでも、さがりやしょう」とすまして言う。どこまでも冗談ムード（行燈部屋というのは行燈などをしまっておく、階段下などの暗い部屋）。

佐平次はヘドロをかいくぐったこともあるのだろうが、深海魚というよりも水面をスイスイ泳ぐミズスマシか何かのようだ。泥くささナシ。スマートという英語の本来の意味（＝抜け目のない、才気のある）をかみしめたくなる。現実には、まあ、めったにいないタイプのワル。だから喝采せずにはいられないのだ。落語は凄い。こんなワルの肖像を描き出したのだから。

言うのもヤボですが……、映画『幕末太陽傳』（57年）ではフランキー堺が圧倒的なリズミカル演技でみごとに佐平次という男を体現している。

くるか疲れ　『五人廻し』①

「おそれ多くも」という感じだが、しんそこ落語好きの小沢昭一さんからお話をうかがう機会があった。次から次へと興味深い話の連続。その中で、「あっ、なるほど！」とヒザを打つ気分になったのは、小沢さんが映画の世界で親交が深かった今村昌平監督から聞いたという話だ。

今村昌平監督については説明するまでもないだろうが、一九六〇年代から七〇年代にかけて、『豚と軍艦』『にっぽん昆虫記』『赤い殺意』『「エロ事師たち」より・人類学入門』『神々の深き欲望』『復讐するは我にあり』など猥雑なエネルギーにみちた骨太な快作を連発した人だ。落語ファンの間では今や伝説的作品のようになっている『幕末太陽傳』の脚本も手がけている。

その今村監督がこんなことを言っていたという。「赤線が廃止されて遊廓がなくなったために、シナリオをつくりにくくなった」と。「ワンシーンでもいいから主人公を遊廓にぶち込む、それが人間を描くのに一番てっとり早い方法なのに、それができなくなった」「遊廓というのは、男が心まで裸になる場所。普段偉そうなことを言っていても、女と一緒にいると態度が違ってくる。だから人間の深みや奥行きが描きやすいんだ」と。

昭和三十三年（一九五八年）三月三十一日をもって赤線の灯は消えた。売春防止法が施行されて、それまで公認されていた売春施設（全国で約四万軒近く）と女たち（約十二万人）が姿を消すことになった——と、風俗史の本には書いてあるが、当時子どもだった私にはピンと来ない。というより記憶にすらない。昭和の遊廓についてかすかにイメージをつかんだのは、大人になってから『赤線地帯』や『洲崎パラダイス・赤信号』など昔の映画を見たり、滝田ゆうのマンガ『寺島町奇譚』を読んだりしてからだ。売春防止法施行以前の遊廓を体験的に知っている世代といったら……今や七十代以上だろう（昭和十三年生まれの志ん朝さんはギリギリ間に合ったらしい）。

それはともかく。ある人物（男に限定されるけれど）を描き出すのに最もてっとり早いのは、その人物を遊廓にぶち込んでみること——というのは真実をついていると思う。性を売り買いする世界でどうふるまうかに、その人物の本性とか個性とかが出てしまうのは確かだろう。

落語の『五人廻し』を思い浮かべずにはいられない。吉原を舞台にした、いわゆる廓噺(くるわばなし)。吉原では一人の遊女が一晩に何人もの客の間を廻って稼いでいたという。当然、女はちょっと顔を出しただけで、いつまで待っても二度と現れない……つまりフラレてしまう客もいる。『五人廻し』は、そんなフラレ男たち五人五通りの生態を描いたものだ。いずれも憤懣やるかたないのだが、人それぞれに、憤懣の吐き出し方に「個性」がにじみ出るのだ。

実直なイメージだった林家（正蔵あらため）彦六バージョンが意外にも面白く、わかりやすい。吉原でも上中下とあり、中から下の店が一番面白いと言い、その佇まいや遊興システムを簡潔に説明したあと、遊女(おいらん)に待たされる男の様子をこう言って笑わせる。「お客様のほうじゃあ、もう、血をたぎらせてね、カッカとさわれば燃えそうな了見でもって……（略）今にくるだろう、くるだろうとジーッと待っている。これをくるか疲れって言うくらいのもんで」

「くるか疲れ」っていう言葉がいいですね。べつだん遊廓に限定したことではなくて、気になる人との初デイトにだってあてはまることでしょう。

フラレ男の顔ぶれは、①怒りをムキダシにタンカを切る江戸っ子（このタンカ部分が面白い↓次項〈一二二頁〉で紹介）、②自称江戸(イド)っ子の田舎者（ここへ来いという意味で「こけこ、こけこ」と言うのが、うーん、かわいい）、③通人ぶって、もって回った言い方をする男（『酢豆腐』の若旦那風）、④堅苦しく偉そうなサムライ（官吏？）、⑤金の力にものを言わせる田舎のお大尽——。

この『五人廻し』は、昔はたいへん人気のある噺だったという。聞くがわの中にも遊廓で同じような体験をした人が多く、「ある、あるーっ」という笑いを呼んだらしい。今では、演じるがわも聞くがわも知らない。

売春防止法施行から半世紀以上経つ。公認の遊廓はなくなったけれど、それで世の中たちまち清く正しく美しくなったわけじゃあない。あの手この手の「風俗産業」として隆盛を誇っている。「援助交際」という言葉もすでに古臭く感じられるほど、素人の女の子が性を売ることも珍しくなくなった。プロの垣根が思いっきり低くなった。昔のようにプロの女とカタギの女とが画然と分けられているほうが、それぞれのプライドのためにはいいんじゃないか……という考えがフトよぎることもある。でも、うん、やっぱり今のほうがいいか。

小沢昭一さんは、「今の風俗産業でも、男たちのおかしな

エピソードはたくさんあるはずだ。なぜ落語にしないんだろう」と不思議がっていた。
まったく同感。

三つの歳から大門くぐってるんだあ　『五人廻し』②

タモリが独得の視点で各所を探訪する『ブラタモリ』（ＮＨＫ）を好んで見ている。地形や遺物などを手がかりに、現在の風景から過去の風景を透視してみせるところが何ともスリリングな楽しさだ。

ＮＨＫもたまにはアジなことをする。先日の探訪先は吉原だった。今や吉原の地名はほとんど残っていないのだけれど、それでもタモリは今でも残っているいくつかの特徴的地形（全体に地盤が高くなっている所がある）から昔の吉原の幻景を浮かびあがらせてゆく。落語でもおなじみの大門（おおもん）や見返り柳やお歯黒ドブ（思っていた以上に広い）……。吉原は「なか」とも呼ばれていたのだが、確かにそれは一般社会とは画然と違う一大テーマパークであり、「異界」なのだったということが実感された。

「なか」の様子——とくにメーンストリートは歌舞伎の『助六』や浮世絵などでおなじみなのだけれど、吉原の全体像は案外わかりにくく思っていた。篠田正浩監督の映画『写楽』（95年）では、CGを使って田んぼの向こうに光り輝く吉原を遠望する場面があり、それが私にとっては吉原の全体像をつかむわずかな手がかりになっていたのだった。

前項で書いた通り、吉原では一人の遊女が一晩に何人もの客をカケモチして稼ぐというシステムがあった（いわゆる「廻し」を取る）。当然、中には遊女にないがしろにされてしまう客も出てくる。『五人廻し』は、そうやってフラレてしまった客たちの、各人各様の憤懣を面白おかしく描いたものである。

そんなフラレ男の中に威勢のいい江戸っ子がいて、取り持ち役の若い衆に「女がこないなら玉代（ぎょくだい）を返せ！」と言う。若い衆は苦り切って「それはできない、というのは、つまりね、えー、ここの規則（きまり）でございまして、ええ。というのは吉原の法なんでございますよ。ええ、え、廓の法、すなわち廓法（かくほう）でございますすんですなあ」と言い返す。

これで男の怒りは爆発。吉原のことは何でも知ってらあとばかり、「立て板に水」式に、その起源から説き起こして怒るのである。なるほど吉原とはそういうものだったのねという知識を与えてくれるし、自慢ぶりのディテールが大いに笑わせてくれるので、すごーく長くなってしまうのだけれど、以下、古今亭志ん朝バージョンで紹介しよう。ぜひとも志ん朝のあの歯切れよくスピーディな語り口を思い浮かべながら読んでいただきたい。

「なにを？　こんちきしょう、勘弁のならねェことを吐かしゃアがった。おい、ええ？　すなわちだァ？　なァにを言やァがんでエ、こんちきしょうッ。なあ？　てめえなんぞ、スナワチって顔じゃアねェやい。擂鉢の底みてェな面ァしやがって。ええ？　吉原の法なんぞ、おめえに説かれてなア、さいでござんすかって、のこのこ引っ込むようなお兄ィさんじゃあねェんでいッ！　ええ？　はばかりながらオギャアと生まれて三つの歳から大門くぐってるんだあ、なあッ、吉原のことについちゃア何でも知らねえことァねェぞ。なアッ！　えエッ。おめえなんぞ大きなことォ吐かしゃアがったってよ、えッ？　この吉原というところは、いつ、誰がこせえたか知らねェだろっ」

「いいかア、教えてやるからなァ、耳の穴ァ搔っ穿ってよォく聞きゃアがれ、いいなあ？　うん。そもそも吉原というところはな、元和三年に庄司甚内というお節介野郎が江戸の町から淫売をなくそうってんで御公儀に願って出て初めて出来たんだ。ええ？　最初っからここにあったんじゃあねェぞ、もとは日本橋葺屋町二丁四方にあったんだが、ここは以前はな、葦が茂った原だったんだ。なあ、だから葦原。縁起商売だから吉原と書いて吉原と読ましたんだい。江戸の町もだんだんだんだん開けてきた。なあ？　町中にこういうものがあったんじゃ具合が悪いからってんで替地を命ぜらいてここに移ってきたんだ、なあ。日本橋のほうを元吉原、こっちを新吉原ってんだ。わかったかい、こんちきしょう。なあ。ええ？　吉原土手から見返り柳、なあ、五十間道を通って大門をくぐりゃア仲之町だア。なア。まず左っ手に伏見町があらァ、なア？　うん。その先は江戸町一丁目二丁目。なア、ええ？　それから揚屋町に角町だァ。ええ？　奥は京町一丁目二丁目。ええ？　これァおめえ、なア、五箇町ってんだ。よく覚えとけ、こんちきしょう」

「いいか、今この吉原にな、茶屋が何軒あって、女郎屋は、大見世が何軒、中見世が何軒、小見世が何軒あってよ、女郎の数が何人で、なア、どこの見世は誰が御職を張っていて、どういう男が間夫にとらいているのか、どこの見世のどういう妓が何時どっから住み替いてきたのか、ええ？　（その妓の）源氏名は当たり前だい、本名からどこの出身かまでちゃあんとわかってるんだ、こちとらァ本当にィ。ええ？　なあ。横町の芸者が何人いてよ、どういうきっかけでもって芸者ンなって、ええ？　どんな芸が得意で幇間が何人いてどういう客を持ってんのか、ええ？　おめえなんぞそんなことは知るめェ本当にィ！　こっちァなんでも知ってるんだ本当にィ！　なあ、ええ？　台屋の数がそうでエ、何十軒あって、え？　おでん屋がどことどことどこンところイいて、どこのおでん屋の汁が甘ェだの辛いだの、ええ？　こっちのおでん屋ははんぺんがうめえが竹輪があんまりうまくねェなんてェのもちゃあんとこっちは心得てるんだ」

「なあ。雨が降らァ、雨が、なあ？　この吉原ンところイな、え？　あっちこっちに水溜まりができんだ。てめえなんぞどじだからそういうところイ足を踏ん込むだろう。ええ？　おれなんざァどこンところイどういう形のどんな大きさの、え？　水っ溜まりができるか、ちゃあんと知ってるからな、目ェつぶったってそういう中に足を入れねェで歩いていかれんだい、ええ？　水道尻にしてある犬の糞だってなあ、黒犬がしたのか斑犬がしたのか、茶犬がしたのか、ええ？　端から順に臭いを嗅ぎ分けようってエお兄いさんでエいッ！」

——とまあ、そんな調子。この威勢のいい江戸っ子のあと、江戸っ子ぶった田舎者、通人ぶったキザな男、武骨なさむらい（軍人か、官吏？）、金持ちの田舎者の四人が次々登場して、取り持ち役の若い衆を苦しめる。総勢五人をフッたおいらんの名前は喜瀬川。『三枚起請』や『お見立て』で男を困らすおいらんの名前も喜瀬川だ。モテない男にとっては、どうも喜瀬川は悪いおいらんということになっているようだ。

手握りかなんかで『王子の幇間』

『週刊文春』（三月三十一日号）の連載コラム「ホリイのずんずん調査」を読んで、エッ?! と思った。

著者の堀井憲一郎さんは落語好き、それも断然ライブで聴くのが好きという人で、この七年間に一万席以上の落語を聴いたという。

当然、聴いた落語の中にはよく演じられるものと、めったに演じられないものがある。それで、そのコラムでは「いまよく聴く落語」と「聴けなくなった落語」の両方のランキングが紹介されていたわけだが……私がエッ?! と思ったのは「聴けなくなった落語」のトップに『王子の幇間』が挙げられていたことなのだった。一万席以上聴いてきたけれど今まで一度も聞いたことがないという。

他にも、一度も聴いたことがない噺として『紫檀楼古木』とか『なめる』とか『大仏餅』など九席が挙げられていた。それらはさすがに古めかしかったり薄気味が悪かったりするので、「やっぱりねえ」と納得がいかなくもない。けれど『王子の幇間』は筋立ても単純だし、他愛なくおかしい噺なのだ。こむずかしい所なんてまったくない。私は大好き。演らないなんて勿体ない。なぜ今の落語家は『王子の幇間』を演らないんだろうと意外に思ったのだった。

でも、五分後には納得しましたね。先代（八代目）の桂文楽の『王子の幇間』を聴いたら……そうだろうな、今の落語家たちはとうていあの味は出せないと敬遠するだろうな、と。ストーリーで引っ張ってゆくタイプの話ではなく、素敵に古風な味で楽しませる噺だけに、演るほうも聴くほうも限定されてしまうのかもしれないな、と。多くの人はストーリー好きなものだから。

『王子の幇間』は桂文楽の演目の中でも（私に言わせれば）不当に冷遇されているほうだ。文楽と言ったら、やっぱり『明烏』とか『鰻の幇間』とか『酢豆腐』とかが代表作ということになっている。もちろん私はそれらの代表作にしんそこシビレている者ではあるけれど、でも、『王子の幇間』だって十分すばらしいではないか、文楽のよさが、案外、最もよく出ていたりするんじゃないか……と思っているのだ。

●『王子の幇間』の主役は幇間の平助。悪フザケに走りがちなので、ひとに嫌われることも多い。今日も今日とて、なじみの旦那の店にあがりこみ、小僧や下女や出入りの頭(かしら)をからかって、一人で悦に入っている。

下女をからかうくだりが最高におかしい。「泣く顔じゃないよ、あなたの顔なんてものは」だの、「ようよう、おみ足、おみ足。十三文甲高(こうだか)ですか」だの、「あたくしはあなたに惚れてますよ、恋着(れんちゃく)してますよ」「どこか、こう、むつやかに。散歩をしようじゃないか、手握りかなんかで」などと、激しくあげたりさげたり。

「十三文甲高ですか」とか「手握りかなんかで」という言葉が、何とも古風で、なおかつポップなおかしみを持って頭に刻み込まれる。日本語の妙味に酔わされる。「言葉が粒立っている」と言ったらいいのか。文楽って言葉のアーティストなのよね。私生活では「あばらかべっそん」とか「あんだらそんじゃ」とか「ぜろぜろぜっぷ」とかフシギなナンセンス語を発明していた。言葉の意味よりもサウンド面の面白さにすごく敏感な人だったのだと思う。

●さて。店の奥で平助の来訪を察知した旦那とその妻は一計をめぐらす。旦那は外出中ということにして、妻が平助の相手をするのだ。平助はそこにいない者の悪口を言う人間だということを知り抜いているので、旦那が留守と知ったら必ず旦那のことを悪く言うに違いない。さんざん言わせておいて、最後に旦那が姿を現わして、こらしめてやろうという計略だ。

平助はまんまとこの計略にはまる。平助は「旦那は稲本の瀬川おいらんを身請けなさって奥さんを追い出そうとしている。奥さんがおかわいそう」と嘘の涙を流してみせる。奥さんはそれを真に受けたフリをして、「それならいっしょに駆け落ちをしよう、そこのツヅラに金の延べ棒六十三本が入っているから、それを背負って」と言う。「ついでに猫のミーと、そこの鉄瓶も持って」と言う。

背中にはツヅラ、片手には猫、もう片手には鉄瓶。さすがの平助も苦笑する。「こりゃ、色男の図じゃないね」。

そこに旦那登場。「なんてザマだっ！」

平助は仰天しながらもしぶとくごまかす。「旦那様、これは御近火のお手伝いでございます」——。これがサゲ。

「御近火」というのは、近所の火事ということで、昔は出入りの者が家具や貴重品の運び出しに駆けつけた——ということが常識だった時代にはピタッときたサゲだったのだろうけれど、今ではあんまりピンとこないです

ね。でも、私はサゲは重視しない人間なので、どうでもいい。それより全編に横溢する平助という幇間の、いささかアクの強い悪フザケムードを楽しんでしまう。

そうそう。私の大学時代のこと、同じサークルに「ドスギ」というアダナの男の子がいた。ギョロ目にメガネをかけた、何となくユダヤ人ぽい顔だち（キッシンジャー似）だった。私はあんまり話をしたことがないが、冗談がキツイというかシツコイというので「ドスギ＝度が過ぎている」と呼ばれるようになったという。平助の顔は私の頭の中でこの「ドスギ」の顔になっているのだった。

『王子の幇間』はとにかく平助が浮かれ調子でペラペラペラペラしゃべりまくるだけの噺で、文楽の幇間モノ、例えば『鰻の幇間』のような深みはない。一抹の哀愁も生活感もない。まったく他愛のない、ドライな噺だ。でも、それだけに文楽の芸の巧さや味がムキダシで迫ってくる感じがする。

『馬のす』
馬のシッポの毛を抜くとね

もう一つ、文楽の噺の中で不当に冷遇されていると思うのが『馬のす』だ。ごくごく短い噺なので仕方ないのかもしれないが。

●釣りに出掛けようとしていた男が、釣り糸が弱っているのに気づく。そばに馬がいたので、馬のシッポの毛を一本抜いて糸の代わりにしようとする。

●それを見た友人の「カッちゃん」は驚いた声で言う。「お前は知らないから抜いた。知ってりゃ抜きゃあしませんよ」「以前、ひとから教えてもらったんだ、こうこうこういうタタリがありますよ、と」。

男はおびえ、ジレる。馬のシッポの毛を抜くとどんな悪いことがあるのか知りたくてたまらない。

「カッちゃん」は言う。「竹馬(ちくば)の友だからね、お前に話をするんだけどね、俺だってタダでおそわったわけじゃない」。

知りたくてたまらない男は「カッちゃん」に酒と枝豆をふるまって聞き出そうとする。「カッちゃん」はうまそうにジックリと酒を呑み、枝豆をつまむ。いきなり「電車、混むねえ」などと全然関係ない世間話までして、なかなか本題に入らない。ますます男はジレる。

さあ、呑み食いは終わった。「カッちゃん」は声を張って言う。「馬のシッポの毛を抜くとね」。男は緊張して「うん」と答える。「カッちゃん」は言う。「馬が痛がるんだよ」。

ただこれだけの話。数ある落語の中でも他愛なさでは確実にベストテンに入るだろう。

それなのに、いいんですよねえ。男と「カッちゃん」の間に流れる空気の動きが面白い。「カッちゃん」の酒の呑み方、枝豆の食べ方が、いかにもおいしそうに感じられる。こんな、なあんでもない話を、芸ひとつでもたせてしまうのだ。映像はないけれど、枝豆のつまみ方は十分目に浮かび、そのリアルさにわけもなく楽しくなってしまうのだ。『明烏』で町内のフダツキが甘納豆を食べる場面と同様に。落語にはそういう楽しみが確かにある。しぐさがいかにもほんとうらしく演じられると、その芸自体が美味なゴチソウのように感じられるというような。

私は文楽バージョンの『馬のす』しか聴いたことがないけれど、こんな軽くシンプルな噺こそ、芸への自信がなければ演れないものだろう。

自伝『芸談 あばらかべっそん』にも書いているように、文楽は子どもの頃から人なつこく、おしゃべりだった。落語家としても若い頃から「華」があり、楽屋は文楽がいると明るく華やいだという。

志ん生とは対照的なパーソナリティなのだった。

落語は一言一句もゆるがせにしない端正な芸だったけれど、フリートークはおしゃべりの割には巧くはなかった。「あの……あの……」が多いのだ。決して器用な人ではなかったのだと思う。

志ん生は落語でもフリートークでも「あー、うー」が多く、やっぱり器用な人ではなかった。

文楽は演目を限定して、噺を練りに練るという形で不器用さを克服した。いっぽう志ん生は「あー、うー」も面白い個性とか味というふうに押し通す形で不器用さを魅力にした。

文楽・志ん生とも志ん生・文楽とも並び称された二大名人が、揃って、実は不器用だったという事実は、何だかうれしく、また胸打たれる。

猫がいたり、いなかったり

『よかちょろ』

三月十一日のその時、私は居間のソファで本を読んでいた。アッ、地震と思った瞬間、ひざかけ毛布を頭からかぶり、玄関ドアへと飛んで行って、ドアを半開きにしたまま、ノブにシッカリつかまって、小さく丸くなってうずくまっていた。

今まで経験したことがない大きな、そして長い横揺れだった。直下型ではないな、とにかくこの揺れに耐えているしかないんだな、とそれだけを考えていた。生きのびる、それしか頭にない、一匹の生きものになっていた。

揺れがおさまって、部屋を振り返って唖然としましたよ。本、CD、食器、ガラクタ・コレクションが部屋中に散乱。寝室では二メートル近い高さの本棚が三十度ほど前に倒れ（ベッドとの間に小さなチェストがあったため、それに引っかかって三十度ですんだのだ）、そこに並べていた『圓生百席』（CD全58巻）のほとんどが床に落下。ゾッとしたのは、チェストの上に置いてあった『五代目古今亭志ん生名演大全集』

（木製ボックス入りCD全55巻）がベッドの上に転げ落ちていたことだ。寝ていたら、私、志ん生全集に直撃されていましたよ。志ん生なら本望、なあんてやっぱり言えない。あの日から一カ月余りが経ったのだけれど、連日のように余震が続いている。原発のほうも一触即発的な危険があり、いつ収束するかもわからない。「がんばろう日本」「がんばろう私」と思いながらも、そうそう簡単に不安は消えない。我ながらだらしない程、気持が萎縮してしまった。

相撲の軍配などに書いてある「天下泰平」という言葉が、俄かに眩しく、有り難い（文字通り、有るのが難しい）言葉に感じられる。そして、つかのまとはいえ私を「天下泰平」ムードにひたらせてくれるのは、やっぱり落語なのだった。

特に先代（八代目）桂文楽の落語ですね。たまたま前項、前々項で文楽の『王子の幇間（たいこ）』と『馬のす』について書いた。あまりに他愛のない噺のせいか、文楽の演目の中では軽視されがちなのだけれど、私は大好きだ、文楽ならではの魅力が凝縮されている、と。

実はもうひとつ、『よかちょろ』という噺についても書きたかった。これもまた他愛のない噺のせいか、不当に冷遇されている気がしてならない。熱烈な文楽ファンだった安藤鶴夫の『わが落語鑑賞』に入っていないんですよね。でも、文楽の『よかちょろ』は名演ですよ。文楽の魅力バクハツですよ。なあんて言いながら他の演者では聴いたことがないので、ほんとうは比較のしようがないのだけれど。

『よかちょろ』は「天下泰平」ムードいっぱいのお江戸のお茶目なホームドラマです。

●主役はさる大店（おおだな）の若旦那・孝太郎。吉原に好きなおいらんがいて、入りびたっている。店の集金に出掛けても、ついつい吉原に寄ってしまい、二日も三日も家に帰らない。

カタブツの父親は、それが気にくわない。番頭相手に今日も今日とて愚痴を言っている。

●そこにフラリと若旦那が帰ってくる。父親は集金した二百円はどうしたんだと問い詰める。もちろん若旦那は吉原で散財してきてしまっているのだが、悪びれたふうは全然なし。シラーッと能天気な仕方話で二百円の使いみち（のうちのヒゲソリ代なるもの）をこう説明するのだ。

「おいらんの三階の角部屋。十二畳の座敷。縮緬の座布団をあたくしは二枚敷いている。前に百三十五円という姿見

があります。ここにおいらんがいます。ここに新造衆がいます。そこに床屋の若い衆が立っています。前に金だらいがあって、これへぬるま湯が入っている。ここに豆どんが居眠りをしている。猫がいたりいなかったり。あたくしはおいらんの部屋着を着ている。おいらんのしごきをしめる。懐手をして。反り身になって。こういったカタチになっている。おとっつぁん、おとっつぁん、御覧なさい、こういうカタチに……」。

ポッカリと時間が止まったような吉原の一情景が目に見えるようじゃないか。「猫がいたりいなかったり」という言葉が、妙に効いている。おかしい。頭に刻み込まれる。

おいらんが若旦那のヒゲを剃るために「若旦那、こっちをお向きなさい」と言ったというくだりで、若旦那は父親をムリヤリ自分のほうに向ける（何しろ仕方話で、自分はおいらんになりきっているので）。父親が「なんで私を向けるんだよ」と怒ると、若旦那は言う。「でも、話の情合が」。この一言も何とも言えずおかしい。

ヒゲソリ代の他に「よかちょろ」を四十五円で仕入れてきましたと若旦那が言うので、父親は「よかちょろ」とは何だかわからないまま、さすが商人の倅と思い、ちょっと機嫌を直す。「じゃあ見せなさい」と言うと、若旦那は突然「〽はあ〜、女ながらもマサカの時はァ、はっ、はっ、よかちょろ、主に代わりて玉襷、よかちょろ、すいのすいの……」と歌い踊り出すのだ。

●父親はつくづく呆れる。そばで母親が笑って見ているのに気づき、叱言を言う。

「二十二年前にお前の腹からこういう者ができあがったんですよ、恥じ入りなさい。畢竟、お前の畑が悪いからこういう者ができあがるんだ」

母親も負けていない。「おとっつぁんは孝坊が道楽をすると何ぞというと私の畑、畑とおっしゃるけれど、あなたの鍬だってよくない。いいじゃございませんか、何も孝太郎が他人のお金を使やあしないんだし、自分のところのお金を自分で喜んで機嫌よく使っているのを、それをあなたが叱言を言うなんてどういうこと……」と言い返すのだ。なんと愛らしく大らかなおっかさんじゃないか。

――とまあ、ほとんどそれだけの噺です。「よかちょろ」というのは、明治二十一年頃の流行歌だという。最初の「女ながらもマサカの時は……」は意味がわかるけれど、あとは「すいのすいの」「ぱっぱ」といった意味不明の言葉の連続でよくわからない。浮かれたナンセンス・ソングといった感じだ。

文楽の明朗なエレガンスがこの他愛のない噺を、「吟醸」の銘酒のようにしている。

私は堅い人間です。焼き冷ましの餅より固い『山崎屋』

実は『よかちょろ』は『山崎屋』という噺の冒頭部分をふくらませて、独立した噺に仕立てたものだという。

若旦那とおいらんは本気で惚れ合っていたようだ。『山崎屋』は番頭が計略をめぐらして二人を無事に結婚させるという噺になっている。こちらもそうとう「天下泰平」。文楽が『山崎屋』を演じたものはないので、三遊亭圓生バージョンの『山崎屋』でストーリーを追ってゆこう。

●山崎屋の番頭は「堅い」のが自慢の男だ。「石橋の上で転んで頭を打てば、石橋のほうが痛いと言う」とか「焼き冷ましの餅より固い」というくらい。ところが、実はひそかに隣町に粋ないい女を囲っている。それを若旦那にかぎつけられる。弱みを握られた番頭は、若旦那とおいらんの結婚に尽力することになる。

おいらんと結婚するというのでは父親も世間も歓迎はしない。おいらんをひそかに「親もと身請け」して、町内の鳶の頭の家に入ってもらって花嫁修業させておく。もちろん身請けの金は番頭の策略で、コッソリと店の金から出すのだ。

●番頭と若旦那は協力して一芝居を打つ。大旦那をだまして、頭の家に行かせるのだ。すると、一人の美人がお茶を出しに現れる。大旦那は驚いて聞くと、頭のおかみさんの妹で、今までお屋敷（武家）勤めをしていたのだけれど、今は嫁ぎ先を探しているという。しかも「タンス長持が五棹、持参金が五百両」という話。欲張りの旦那はたちまちこの話に飛びつく。「ウチの倅の嫁に。倅が嫌がったら私でもいい」とまで言って。

タンス長持も持参金も、実は自分の店から出るものだなんて大旦那は考えもしないのだ。かくして若旦那とおいらんは無事に結婚することになる……。

圓生は噺の冒頭で昔の吉原のしきたりや風俗について詳しく説明している。吉原は（江戸城の北にあったことから）別名「北国」とも呼ばれていたとか、遊女は三千人くらいいたとか、揚げ代は三分で新造（おいらんの見習いのようなもの）がついたとか。

独得の「廓言葉」についても説明している。「廓（吉原）の言葉、一名〝まほう言葉〟――『ああしまほう、こうしまほう、そうでありんす、そうざます、そうしてくんなまし……』」。

これらの知識がないとピンと来ないサゲ（オチ）になっているので、初めに周到に詳述しているわけだ。嫁（おいらん）はお堅い屋敷勤めをしていたと信じ込んでいる大旦那と、つい吉原の話が出てしまう嫁との、チグハグなのに妙にかみ合ってしまう会話のおかしさで笑わせるサゲになっている。

何しろ番頭は十一歳の時からこの店に奉公しているので、大旦那の欲深さやケチくささを知り抜いていて、それを巧妙に利用している。なかなかの「策士」なのだ。そのことにちっとも気がつかない大旦那の鈍感さが笑いを誘う。

番頭と若旦那の関係も面白い。主従という距離を保ちながらも、この二人の間には悪友同士の親密感や冗談気分のようなものも漂っている。吉原のおいらんに夢中になって遊び浮かれている若旦那は昔の言葉で言えば「いかれポンチ」というやつだけれど、番頭は苦笑しながらもそんな若旦那と妙にイキが合って、シッカリ者の兄貴のように味方してしまう。

「封建的」な主従関係の中にも、生身の人間同士の、ほほえましい感情の交流があった。そこを描いているから、落語は時代を超えて身近に親しいものとして感じられるのだ。

話は少し戻るけれど、圓生は吉原の「廓言葉」というのは、主として吉原の女たちの出身地をごまかすために生まれたものだと説明している。何しろ遊女三千人、江戸の女たちばかりではない。地方出身者の方言やナマリをわかりにくくするために独自の言葉が編み出されたという。

私はかねがねテレビ芸能人——特にお笑い芸人のシャベリを一種の「廓言葉」だなあと思っている。私は関西弁にはまったく疎いのだけれど、吉本興業のタレントたちの大阪弁の多くは、昔からのほんとうの大坂弁とはちょっと違うんじゃないか。大阪人ではなく、その周辺の人たちが考えるフィクショナルな大阪弁のように思えてならない。

いわゆる若者言葉——例えば、ちょっと前まではやった「ぶっちゃけ」とか、今はやっているのでは「ハンパない」なあんていうのもやっぱり一種の「廓言葉」のように思う。出身地の差異を飛び越えて「若者」という共通性のほうを強調したり誇示したりするための言語文化なんじゃないか？　カタギの女が吉原の女のマネをして、「ありんす」なあんて言うのはバカバカしいように、いい歳をした人間が「ハンパない」なあんて言うのは……うーん、やっぱりそうとう恥ずかしいことだよね。

三両なら俺のほうからあがってゆく

『穴どろ』

ジャンルとしては「泥棒もの」だが、『穴どろ』も文楽ならではの悠長な味があって愉しい。

●物語の主人公は長屋住まいの貧乏人。大みそかに三両の金も用意できず、妻に「豆腐の角に頭をぶつけて死んじまえ」とまで罵られる。とにかく外に出たものの、金策のあてはまったくなし。大きな商家の切戸が開きっぱなしになっているのを見て、ついフラフラと入り込んでしまう。どうやらその家では宴会があったらしく、片付けがされてないまま酒や料理が並んでいる。

●あがりこんで図々しく酒や料理をぱくついていると、小さな子ども（二歳くらい？）が奥から這い出してくる。子ども好きの男はゴキゲンになって相手をしているうちに、まちがえて、蔵の前の穴庫（あなぐら）（非常用の穴。ふだんはフタをしてある）に落ちてしまう。

●店の者がそのことに気づき、近くの鳶の頭の家へと飛んでゆく。泥棒騒ぎなんかでお上とかかわりを持ちたくないので、鳶のレベルで事をおさめたいのだ。あいにく頭は留守だったが、「横浜の平公」という威勢のいい男がいたので、店の者はその男に事態の収拾を頼む。

●「横浜の平公」はもうとっくに泥棒は逃げたものと思い込み、「こちらの腕には昇り龍、こちらの腕には降り龍が彫ってある」と威張っていたが、男がまだ穴庫の中にいると知って、急におじけづく。何しろ穴庫に落ちた男は酔っているので気が大きくなっているのだ。「平公」がおりようとすると、「ふくらはぎをくいとるぞ」とか「股ぐら突きあげる」などと強気なことを言うのだった。

●店の旦那はいらだつ。「平公」に「一両やるから」とか「二両やるから」と言って穴庫の中の男をつかまえさせようとしていたのだが、「平公」がおじけづいているので、「しようがないなあ、三両だぞう」と言う。これを聞いた穴庫の中の男は「なに？　三両なら俺のほうからあがってゆく」——。これがサゲ。

男は邸に忍び込んで飲み残し食べ残しのものを失敬してしまっただけなので、完全な泥棒とはいい難い。自分でも泥棒意識はまるでなさそう。子どもが這い出して来たのを見て、顔をほころばせ、鯛の小骨を抜いてやって食べさせたり、「あんよは上手、ころぶはお下手」などと言ってはしゃぐところなぞ、人のよさ丸出しなのだ。

そうそう。『碁どろ』の泥棒も決して凶悪でも何でもない。盗みに入った家で、その主人と友人が碁を打っているのを知り、もともと碁好きなものだから、ついついそばに行ってしまい、立場を忘れて「それじゃあ負けになってしまう」などと横から口出ししてしまうお調子者だ。

口出しされたほうも碁の世界に没入してしまっているので、泥棒の存在にも違和感なぞ持たない。ようやっと上の空ながら「お前さんは誰だい」と言って碁を打つ。碁の相手も「お前さんはァ、誰だい」と言って打つ。泥棒は答える。「泥棒でござんす」。「泥棒（と大きな声を出したものの他人事のように）……泥棒は……弱ったねえ――。

そーうかァ、これァこの『泥棒オォ』（いい手が浮かんだか上機嫌で）アッハッハッハッハ、ううゥ、『泥棒さん（打って）よく来たねェ！』」――これがサゲ。

「泥棒もの」の落語は、なぜか、落語の中でも特にのんきなのだった。

狼はヨイショが効かねェ　『愛宕山』

もう十年くらい前になると思うが、知り合いのグラフィック・デザイナーから聞いた話が忘れられない。

彼は仕事の関係で、あるスポンサーから向島の料亭で接待を受けた。彼にとっては初めての経験である。いかにもそれらしい日本家屋の料亭で、芸者衆も現われた。いわゆる「お座敷文化の世界だなあ」と物珍しく眺めていたら、そこにタッツケ袴の若い衆が何やら重そうな物を運び入れて来たのを見て、彼はガーンとショックを受けた。それは、何とカラオケセットだったのだ。彼の頭の中にあった「お座敷文化」のイメージはガラガラと崩壊した――という話だ。

「最後のたいこもち」と言われていた悠玄亭玉介の芸を私が見たのは、それよりもだいぶ前――二十年ちょっと前だったと思う。あるホールでの特別の催しだった。玉介は小ぎれいな老人で、屏風を使った艶笑的な芸を軽妙に演じてみせた。昔の「お座敷」ならではの色っぽい遊興的気分に、ほんの少しだけれど触れたように思った。その玉介も一九九四年には亡くなってしまった。

先代（八代目）の桂文楽の川柳に「幇間と噺家は紙一重なり」というのがある。扇子と手ぬぐいが商売道具で、ひとの機嫌をうかがうところが共通しているし、実際、昔は落語家からたいこもちになったという例は多かったという。玉介も、もともとは落語家だった。ただし、逆にたいこもちから落語家になった例はあんまり聞かないという。『たいこもち（幇間）の生活』（雄山閣）の著者、藤井宗哲は「これはお座敷に合わせ、小人数を対象に演じるという、いってみれば小味な芸が身についてしまったがために、寄席という大きな空間では、立体感のある芸にまで昇化させられないからであろう」と分析している。

ちょっと長くなるけれど、『鰻の幇間』のマクラで古今亭志ん朝が昔のたいこもちの最も高度な芸について触れているところがあって、私は何だかとても好きなくだりなので、引用したい。

「え、あたくしはァ櫻川忠七という、たいへんにこの、え、幇間のほうでは名人といわれた師匠ですが、（この方の）お座敷の勤め方というのを、いっぺん目のあたりに見ました。この人が主賓という方の隣りイピタッと坐っちゃったっきり動かない。自分は何もやらないン。で、自分より後輩の者にやらせる。でェ、側にいて何か言ってるんですが、それもほとんど聞こえないぐらいの声でね、うなずいてばかりいる。でエ、あるときうかがったら、『それァね、おれたちァしゃべるとだめなんだ。お客様にどんどんしゃべらせる。お客様はこういうところイ来ると自慢話をしたがる。そういうときにはその話をとても興味を持って聞くン。だから、ただうなずいてなくて、う、『こういうときはどうなんですか？』ってそのことについて、こう質問をすると、向こうは『うんッ、よく聞いてくれた』ってんでまたしゃべる。（こちらが）しゃべらないで聞いてやるという、これが難しいんだよ』と言われて、なるほどなと思いましたがね。なんかあんまり、やらないんですね。でェ、どことなくこの、品がありましたし、（幇間の名人とは）ああ、こういう人なのかなあと思って、側でもってつくづく見ていたことがありますけども……」

「本当にこの、腕のいい方ンなるってえとお客様と差し向かいで、昼間っからご婦人も何も呼ばないン。『でまあ、ちょっと聞いてくれよ、実はね、うちのがね』ってんで、いわゆる悩み事やなんかの相手ンなってる。一日（いちんち）やっててもお客様が飽きないんだそうです」

とまあ、たいこもちもレベルが高くなるとそんな域にまで達したものらしい。何だか剣豪伝説みたいだけどね。刀を振り回すこともなく、文字通り抜く手も見せずに斬ってみせる、みたいな。どの世界でも、あるレベル以上になると、足し算ではなく引き算の凄みを見せるようになるもののようですね。

落語の世界では、たいこもちは八っつあん熊さんといった職人衆と並ぶ重要キャラクターだけれど、櫻川忠七なんていうような名人はまったく出てこない。並か、それ以下のいわゆる「野だいこ」ばかりだ。

『愛宕山(あたごやま)』の主人公、一八(いっぱち)もそんな一人だけれど、幸いヒイキにしてくれる旦那がいて、京都旅行におともをおおせつかった。座敷遊びをしたあと、旦那はこう言う。

「あした早くに起きて愛宕山(あたごさん)へちょいとお詣り行こうと思うんだ」。もっと酒を呑んでいたい一八は山登りと聞いて不服だが、旦那の命令だから仕方ない。芸妓の豆菊と豆千代も山に登りたがっているのを見て、旦那がこう言うのが楽しい。「ああそうか、お前たちも一緒に行きたい。ああ、わかったわかった。じゃ五色豆も二粒連れてこ」。
●一八は最初のうちは「あたしァね、えー、餓鬼の時分からね、猿とあだ名をされたン。身が軽いン」などと自慢していたが、いざ登るとなると、すぐにバテてしまう。店の下っぱの繁蔵にお尻を押してもらって登るしまつ。やっとの思いで中腹まで登り、あたりの景色に感心していると、向こうのほうに輪がぶらさがっていることに気づく。旦那に聞くと、それは土器(かわらけ)投げの的だと言い、茶店で土器を十枚ばかり買い、次から次へと投げて輪に通す。「ほーら見ろ、なア。今度ァな、プッ、プッ、二枚一緒だよ、よく見てろ。夫婦(めおと)投げてえやつだ」などと言って、得意満面。一八も懸命にマネをするが、的には全然通らない。

●旦那はそんな一八を見て笑い、こう言う。「きょうはな、お前にちょいとおもしろいものを見してやる。前々から考(かんげ)ェてた趣向をしてきたんだ」。見れば、土器の代わりに小判を手にしている。本物の小判三十枚を投げて遊ぼうというのだ。

一八はビックリ仰天。「んなァ、罰(ばち)が当たりますよォ。もったいないじゃありませんかッ。無駄ですよォ」。

このもっともな意見に旦那はこう答える。「お前(まい)ね、無駄ですよって……、無駄と言やァお前なんぞを連れて京都へ遊びに来てるほうがよっぽど無駄じゃアねえか。生意気なことを言うな。ええ？　おめえに遊びがわかってたまるか。なア、人間なんてえものァな、無駄なことをしたいがために、普段から額(したい)に汗して働くんだ。よく覚えとけ、なア」。

うーん、説得力があるような気がする（でもやっぱり小判を三十枚もなんて、と私は一八同様、怯えてしまう)。旦那は次々と小判を投げるが、的をはずれてしまう。一八は気が気じゃない。自分の懐を指し、さらに両腕で自分の頭上に的の輪を作って「こっちへ放ってくださいッ、こっちへ!! あたしが的ッ、あたしが的!」と言うのがおかしい。
●結局、旦那は一枚も的を通すことができなかった。下に落ちた小判はどうするのかと一八が聞くと、「拾った人(しと)のもんだよ」と言う。一八は俄然、燃える。しかし、的の下までは八十尋(ひろ)もの深さがあり、そこまで通じる近道はなく、四里と二十八町も遠回りをしなければならない。途中で狼が出るという話も聞く。けれど強欲な一八はあきらめない。茶店で傘を借りて、それにぶらさがって谷底まで行こうと思いついてしまったのだ。いざとなるとおじけづいたものの、旦那の命令を受けた繁蔵に後ろから押され、傘にしがみついたまま、嵯峨竹に引っかかりながら、フワー、ズズズズズズと落ちてゆく。
●一八は悪運強くケガもなく谷底に着地する。旦那が投げた小判を夢中で探し回り、みごとに全部みつけ出す。山の上のほうにいる旦那に「大将ーーーーう、ありましたよーーーーー!」と叫ぶと旦那は「みんな貴様にやるぞーーーーー!」と答える。大喜びする一八。が、しかし、旦那に「どうして上がるゥーーーーッ」と訊かれ、ハッとなる。どうやって戻るか考えもしなかったのだ！
●一八はしばらく唸っていたが、何を思ったか着物を脱いで、ピェーッ、ピェーッと裂き始め、それを縄のようにない始める。そうやって長い縄を一本こしらえると、その突端に手ごろな石を結びつけ、一本の嵯峨竹に向かって石をポーンと放り、縄を竹に巻き付けた。そうして、張った縄を左右の手で交互に激しく下のほうへと引き寄せた。やがて竹はグゥーーーーッと満月のごとくしなってきた。一八はそばの岩角に足をかけておいてポオンッと蹴ると、丸くしなった竹がツッツと元に戻り、一八は、もといた山の上にポンと着地に成功するのだった。
「ただいま帰りました！」と言う一八に、旦那は感嘆し、こう言う。「上がってきたよオ、おい。偉いやつだねェ！　貴様ァ生涯ヒイキにするぞ！」「ありがとう存じますッ」と喜ぶ一八。だが、次の旦那の一言にガクゼンとなる。「金はどうした？」――。「あッ、忘れてきた！」。これが

サゲ。

土器投げの場面から、次々と、派手なアクションが続く噺である。

小判に取り憑かれた一八が傘をさしながら谷底へ舞い降りようとしてタタタッと駆けるが、つい、おそろしくてピタッと止まってしまうところ。着物を裂いた縄で竹を大きくしならせるところ。しなった竹がツツツと元に戻るところ。すべてがクッキリと目に浮かぶ。こんなにスケールが大きく、アクションの派手な噺も珍しいだろう。谷底で着物を裂いて縄にしようとした一八が「狼が出るてえことについちゃア、あたしァね、洒落ンならないン。ねえ？　うん。狼はヨイショが効かねェからな……」と呟くのが、最高におかしい。

四

珍談奇談

やんわり返せ、やんわりと 『百川』

あんまりスマートな人間じゃあないなあ、と自分でも思う。たまに眠れない夜もあって、フッと子どもの頃のドジな思い出が頭に浮かび、やがて堰を切ったかのように他のドジ体験の数かずが思い出されて悶々、ますます眠れなくなったりする。

そんな時、定番のごとく思い出されるのは、小学五年生の夏だったと思うが、風呂場の改築のため何日間か銭湯に行った時のことだ。初めての銭湯は物珍しく面白かった。洗面器に湯を満たし、ザブリと体にかけたら、そばにいたおばさんから、尖った声で叱られてしまった。「そんな威勢よくお湯をかけるもんじゃないよ。こっちにまでかかるじゃないか」

恥ずかしいったらなかった。自分は気が利かない人間なんだと思い知ったのは、たぶんその時からだと思う。

「気が利く」とか「気が利かない」というのは、銭湯のごとく人と人の距離が近い空間で問題になる事柄だろう。人と人とが顔を突き合せるようにして暮らしている所では、車で言うならつねに適切な車間距離をとるように、まわりの人たちのことも考えに入れながら行動しなければならない。そのほうが互いに気分がいいし、物事もスムーズに運ぶ。そこでおのずから都会の生活流儀が生まれるわけだ。

恥をしのんで書くが、十年ほど前だったか、女友だちと共同で買ったスキー部屋（リゾート・マンションの一室）に泊まった翌朝のこと。寝ぼけまなこでフトンをたたんだら、友人に「そんなバタンバタンとたたまないでよ。ホコリが立つじゃない」と注意されてしまった。内心「ホコリなんて大袈裟な」とちょっと不満に思いながらもグサリときた。いい歳をして恥ずかしかった。やっぱり私はどこか気が利かないガサツ者だなあ、と。でも、友情をもってこれを何とか「おおらか」と受けとめていただけないでしょうか、と。

落語は江戸にしても上方（かみがた）にしても下町（いわば人口密集地帯）を背景に発達してきた芸能だから、当然のようにその生活流儀のディテールが織り込まれている。それを聴くのは快感だ。聴いているだけで自分も少しは気が利く人間の仲間になったかのような気分にひたれる。

例えば、志ん朝バージョンの『百川（ももかわ）』。笑いどころたっぷりの噺だ。江戸から明治の初めまで日本橋に実在したという料理屋「百川」を舞台にした珍騒動。百川の一間にいた魚河岸の若い衆は、注文を取りに来た百兵衛を勝手に隣町の親分か何かと勘違いして、恐縮する。あわてて座布団を出すところが、まずおかしい。若い衆の中の「気が利く奴」は「気が利かない奴」にこう言うのだ。

「何をぼんやりしてやんでエ！　あたりィ見たってありゃしねェだろッ。てめえの敷いてるんでいいんだよォん」「そのまんま勧めるんじゃねェ、ばかやろう！　ええ？　てめえの尻で温まってるじゃねェかよォ。ええ？　引っ繰る返して、ツウッと出すんだ、引っ繰る返して。ばかやろッ、埃を立てるんじゃねェ、こんちきしょう！　ええ？　やんわり返せ、やんわりと」

私はスキー部屋での自分の失態を思い出しながら、「やんわり返せ、やんわりと」の一言に吹き出してしまうのだ。

クワイのきんとんを百兵衛に勧めるところも楽しい。「気が利く奴」は目下の者を指図して言う。

「（きんとんの器を）そのまんま持って来んじゃないよ、ばかだね。ええ？　本当にィ。食い散らしてあンじゃねェかよォ。きれいなところを、な、二つ三つ、小皿に分けて、ンでこっちィ出すんだよ」「そういうことをするときにはな、先に小皿を取っといて、それからきんとんを（箸に）挟むんだ。な？　てめえみてェに、きんとん先ィ挟んどいてから小皿探すから、餡(あん)がぽたぽたぽたぽた落ちてるじゃねェか」……。光景がハッキリと目に浮かびますね。

「ばかやろう、このやろう」式に乱暴な言葉づかいをしている若い衆でも、イザとなればあらたまった言葉づかいもキレイに使いこなす――その実例に接しているような快感もある。

落語世界の住人にとって、「気が利く」＝生活的教養の持ち主というのは学があるとか、金があるとか女にモテるとかいうのより、もっとかっこいいものと見なされていたかのようである。相手や周囲に余計な不快感を与えないこと。衣食住にまつわる「物」それぞれの特性をよく理解し、それに最もふさわしい扱い方をすること。しかも、静かに小ぎれいにスピード感をもって事を運ぶこと。それが一言で言うなら「気が利く」ということであったろう。そして、それはきっと「粋」という言葉にもつながっていたのだろう。

座布団やきんとんについてうるさく小言を言う男は、仲間たちに「気が利く奴、粋な奴」と思われたがっているのかもしれない。ミエっぱりのお調子者と言えなくもない。でも、こういう人がいてくれなくては生活的教養は伝わらず、世の中は荒れるいっぽうだ。

芝居ごころのォ、無えェ犬だアァァ　『四段目』

昭和の終わり頃だったろうか。「ドサカン」と、ひそかにあだ名されている自民党議員がいた。ドサ回りの勘平だから「ドサカン」なのだった。

勘平は言うまでもなく（でもないのか最近は）、歌舞伎の世界ではシリアス系美男の代名詞だ。『仮名手本忠臣蔵』で義士グループに加わりながら脱落して切腹してしまう悲劇的な男。「色にふけったばっかりに」というセリフが有名だ。そんな美男にも「ドサ回りの」とつくと、だいぶニュアンスが変わってくる。その古参議員の、泥臭く古めかしい二枚目ぶりには「ドサカン」という言葉はピッタリと合っていた。

沢村貞子さんのエッセーで「ドブ長」という言葉を知った。世話好きだったおかあさんのことを、世間で言うところの「ドブ長」、つまり「ドブ板の長兵衛」だと書いていたと思う。

長兵衛は歌舞伎にもなっている江戸の俠客、幡随院長兵衛だ。「ドブ板の」は貧しい長屋あたりの、といった意味だろう。長兵衛は義侠心に富んだ人の代名詞のごとく、昔は世間一般に定着していたのだろう。里見弴の、確か『極楽とんぼ』にも「長兵衛っ気」という言葉があった（今、ふと思ったのだけれど、落語『文七元結』の主人公の左官の名が長兵衛というのは偶然とばかり言えないのかもしれない。ダメ男の「ドブ長」ぶりを描いた噺なのだもの）。

戦前の小津映画『出来ごころ』は、戦後のいわゆる「小津調」映画しか知らない人には意外かもしれないが貧乏長屋ものの親子愛ドラマだ。主人公の喜八は、いい歳をして若い娘にポーッとなり、友人に非難されると、「お半長右衛門、知らねえな！」と言い返す。

お半・長右衛門は歌舞伎や義太夫の『桂川連理柵』の主役で、四十男が十代半ばの少女と「あやまち」をおかしてしまうのだ。

「ドサ勘」「ドブ長」「お半長右衛門」と言うだけで、多くの人がある特定のパーソナリティを鮮かに思い描くことができた時代があったのだ。

さて。落語『四段目』は、そんな時代の東京少年のお話だ。発売されたDVDボックス『落語研究会　古今亭志ん朝全集　上』で、初めて『四段目』を観て、私は陶然となった。面白いの何のって。気持いいったらありゃあしない。他愛のない話でありながら、豊潤な味わいに満ちている。

『四段目』は芝居好きの小僧が、仕事をサボって芝居見物をしていた罰として暗い蔵の中に閉じ込められる。淋しさと飢えで、ひとしきり泣きわめいていた小僧は、やがて大好きな『仮名手本忠臣蔵』の四段目（つまり判官切腹の場）を思い浮かべ、一人芝居へと突入してゆく。バーチャルな夢の世界に遊んで、辛い現実をつかのま忘れる小僧の姿は、何だか「感動的」と言ってもいいようなものだ。心は自由の天地なのだということを感じさせるから。

志ん朝さんは十代の頃、歌舞伎役者になりたいと思ったという程の芝居好きだから、『四段目』の歌舞伎調のセリフや所作も安心して見ていられる。

私が志ん朝バージョンの『四段目』の中で特に好きなのは、マクラの部分に出て来る「芝居（しべえ）ごころのォ、無（ね）えェ犬だアァァ」というセリフだ。

昔の芝居好きの中には、普段から役者気分になっているやつがいて、何かにつけて芝居めいたことをする――という話の中にこのセリフが出てくる。

「ドブ板なんぞァ花道に見立てて、パタパタパタパタ……なんて自分で〝ツケ〟を入れながら歩いてきてね、犬なんかがいるってぇと、（犬を右足で踏まえ、『伽羅先代萩（めいぼくせんだいはぎ）』の一場面のように）『あァらァ、怪しやァアなアァ』。てめえのほうがよっぽど怪しいんですけどもね、ええ。犬はばかばかしいんでキャンキャンキャァーンなんてんで逃げてっちゃうと、（見得をしたまま）『芝居ごころのォ、無えェ犬だアァ』。犬に芝居心があるわけゃありませんけども」

この芝居好きのバカ、目に浮かびますね。私は好きですね。貧しく味気ない現実を救うのは、きっと芝居心なのだ。心の遊びなのだ。

もう一つ。小僧のモノローグ部分に出てくる次のくだりも好き。

「やっぱり本当に芝居の好きな者が観たら『四段目』のほうがいいってェけども、本当にそうだな。重みがある」と言うところ。特に「重みがある」という言葉の言い方がイイ。何とも言えず、おかしい。説明不能。

私が志ん朝落語に特別に惹かれるのは、説明しがたいおかしみが、あちこちに仕掛けられているところだ。「ナンセンス」だの「シュール」だの「不条理」だのという言葉で自分の芸を語るような野暮は、好まない人だったけれど。

なぜ落語は繰り返しに堪えるのか。同じものを繰り返し聴いてどこが楽しいのかと言ったら、理由はいろいろあるけれど、「説明不能のおかしみ」というのは大きなポイントだと思う。言葉や理屈でとらえ難いからこそ、何度でも触れて、その美味をかみしめたくなるのだ。

おあし、おくれよう

『真田小僧』

二〇〇一年十月一日。古今亭志ん朝さんの訃報が飛び込んできた。

知り合いの新聞記者が電話で教えてくれたのだったが、私はすぐには受け容れられない。「嘘、嘘、嘘……」と全身で拒んでしまう。葬儀にも参列したけれど、遺影を目にしても、進行役の人の「故・古今亭志ん朝さんの……」といった言葉を耳にしても、現実感が湧いてこない。何か世間がこぞって悪い冗談に走っているようにしか思えなかった。有名人の死にあれほどの衝撃を受けたのは初めてだった。

やがて……、少しずつ少しずつ現実を受け容れてきた。今は、ひたすら「志ん朝さんに間に合った」ことに感謝している。

古今亭志ん朝は落語の中のどんな人物でもそれらしく演じ分けられた。大店（おおだな）の旦那、道楽者の若旦那、お調子者の幇間、ガラッパチの職人、四角四面の武士、吉原のおいらん、長屋のおかみさん、ウブなお嬢さん……。変幻自在だった。しかも演じすぎず、サラリと。技術もさることながら、あの風貌（小ざっぱりと整った、クセやアクのない姿かたち）も大いに有利に働いたと思う。

そういう中で、案外、見落とされがちなのが子どもを演じた時の巧さなんじゃないか。

子どもが主役の落語自体、決して多くはないし、独得の難しさがあると思うのだけれど、『真田小僧』と『四段目』は志ん朝ならではの傑作になっていると思う。

そもそも落語の中で主役になれる子どもと言ったら、大人顔負けの、こましゃくれたガキと決まっている。ありふれた「子どもらしさ」からはみ出すからこそ、笑いを呼ぶわけだ。

「こましゃくれる」という言葉のニュアンスは、日本人なら（自分でうまく説明できなくても）何となくわかるだろう。『広辞苑』にもちゃんと出ていて、「①子供などが、こざかしく、ませた言動をする。こまっちゃくれる。②分を越えて、生意気にふるまう」とある。

『真田小僧』の主役の金坊は、まさに「こざかしく、ませた言動をする」男の子。「おあし（お金）、おくれよう」が口癖で、あの手この手を駆使して親から小銭を巻きあげようとする。

母親が横町のアンマを呼んで体を揉んでもらった、ただそれだけの事実を思いっきり思わせぶりに怪しげに父親に語る。アンマだということはかくしたまま、「キザに白い服着て」「世間体をはばかって色のついたメガネ」をかけ「気取りやがってステッキ」をついた男がやって来たと語りだすのだ。そうして、おっかさんはうれしそうにその男を家の中に引っ張りあげ、障子をピタッと閉めた……という所で突然、話を切ってこう言うのだ。「おとっつぁん、これ（障子）、開けたい？」

ジリジリしていた父親はたまらず「開けたいよっ、ちょっと開けてみなっ」と叫ぶ。すかさず金坊は「これ開けるのに五銭かかる」と言い、まんまと五銭せしめる。

金坊は話を続ける。そして「（部屋の）中をひょいと見たらね、布団が敷いてあるんだよ」と声をひそめるようにして言う。おとっつぁん、ビックリ。「座布団かあ？」と言うのに対して金坊が「寝具……」と、わざと大人びた言葉で答えるのが最高におかしい。

とにかくそんな調子で、話を分断して、そのたびに小銭を要求するのだ。話の先が気になってたまらない父親はアッサリ小銭を出し続けてしまう。

そんな騒ぎがあったあと、父親は母親相手に嘆く。「あいつの知恵ってえのはな、あったところでもって（せいぜい）悪知恵だ」

そのあと、講釈好きの父親は『真田三代記』を例に取り、真田幸村は金坊と同じ歳の頃、ある合戦で危機に陥った時、知恵を働かせてみごとに逃げのびたという話をし、「味方一同をたすける知恵と、親をだまして小づかいをふんだくる知恵と、どうだよウ、たいへんな違いじゃねえかァ」と言う。

それを金坊はちゃっかりと戸袋のかげで聞いているんですね。戸袋にピタッと張り付いて耳だけはみ出させているという状態で。

そうして今度は、聞いたばかりの『真田三代記』を使って（異常なまでの記憶力を発揮）、またまた父親から小銭を巻きあげてしまうのだ……。

それでタイトルが『真田小僧』となるわけですが……。何しろ最初から最後まで大人が子どもにコケにされる噺。それなのに志ん朝バージョンの『真田小僧』は気持よく楽しく聴ける。全知全能を働かせ、大人びた策略的トークによってガツガツと「おあし」をゲットしようとする金坊が妙にかわいい。卑しいなあと鼻白むどころか、何だか動物的なまっすぐさと単純さが、子どもならではの愛らしさに思われる。エサに向かって一心不乱に駆け出してゆく犬みたいじゃないか。欲望のカタマリ。

金坊のトークは、人をだまそうというのだから演技的だ。ほんの一言でも、思わせぶりな含みやニュアンスで粉飾されている。志ん朝バージョンはそういう含みやニュアンスの漂わせかたが絶妙だ。そこが一番の味わいどころ。だから何度聞いても楽しめる。オチはどうっていうこともないけれど。私はオチは重視しない人間なので気にならない。

めったにほめない立川談志も、この『真田小僧』には感心したと書いている。

人間ってものはねェ、寝てる時には魂が遊びに行ってるんだって言いますよ

『宮戸川』

だいぶ昔のことなので、いったい誰に聞いたんだか、それとも何かの本で読んだんだか、すっかり忘れてしまったのだけれど、話の内容だけはおぼえている。アメリカ製とおぼしき短い笑い話だ。

南米某国からニューヨークの空港に旅客機が到着した。ぞろぞろと空港におり立ったツーリストたちの中に、一人、地面にうずくまっている男がいる。風貌からして南米某国の人らしい。不審に思ったツーリストが「なぜうずくまっているんですか、体の具合でも悪いんですか?」と聞くと、その男はこう答えたという。「魂が到着するのを待っているんだ」――。

説明するのもヤボだけれど、その男にとってはほんの数時間ではるかな異国に着い

てしまうことが体感的に納得できなかったのだろう。馬や、せいぜい車のスピードならわかるけれど、飛行機のスピードは彼の理解を超えている。体は確かにこうして異国に到着しているけれど、魂のほうはまだのんびりとどこかをさまよっていて、ここまで届いていない。だから、それが届くのを待っている……。

私はこれをほほえましく、またある種の美しさを感じさせるような話だなあと思った。

それである新聞にこの話を書いたら、なんと、さる人権団体からクレームが寄せられてしまった。南米某国の人の無知を笑いものにする人種差別だというのである。ビックリしましたねえ。まったく想定外の読まれ方だった。私が感じたほほえましさとある種の美しさが全然伝わらなかったのだ。

私はどちらかと言うと不信心で、霊魂がどうこうとシリアスに考えるタイプの人間ではない。どちらかと言うと即物的な合理主義者なので、大真面目な顔で霊魂がどうのこうのと言われると自動的に腰が引けてしまう。白けてしまう。にもかかわらずというか、だからこそと言うべきか、この南米某国の男の話には、何

か素朴で大らかなロマンティシズムのようなものを感じ、好もしく、微笑が湧くのだ。

古今亭志ん生の『宮戸川(みやとがわ)』にも似たような話が出てくる。志ん生ならではのたどたどしいようなシャベリが何とも言えない愛敬をかもし出している噺である。

●日本橋小網町の質屋の息子である半七は将棋が大好きで、今夜も将棋に夢中になって帰宅が遅くなり、怒った親から閉め出しをくってしまう。いっぽう、近所の家の娘のお花も歌ガルタに夢中になって、閉め出しをくってしまう。半七はいつものように霊岸島のおじさんの家に泊めてもらおうとする。それを知ったお花は私もいっしょについてくる。

●この霊岸島のおじさんというのが、色っぽい話が大好きで早のみこみの過ぎる男。将棋にばかり熱をあげていて女っ気のない甥の半七をジレったく思っていたところに、今夜は女連れだと知って大喜び。勝手に気を利かして二人を一つの部屋に泊め、一つのフトンに寝かせてしまう。半七もお花もとまどうのだが……(というのが物語の前半で、後半はドラマティックな展開になってゆくのだが、志ん生は前半だけで噺を切っている)。

私が笑ったのは、霊岸島のおじさんの家を二人が訪ねた時の、おじさんとその妻の会話部分だ。

　おじさんは二人の訪問にすぐに気づくのだが、妻は死んだように眠りこけている。「ばあさん、ばあさん、半七が来たよ！」と呼びかけても、すぐには起きない。やっと目をさました妻は寝ぼけ声でこう言うのだ。

「いい心持でスヤスヤ寝てるのに、ばあさん、ばあさんって起こすんだから、ビックリしちまったわよ。人間ってものはねェ、寝てる時には魂が遊（あす）びに行ってるんだって言いますよ。その遊びに行ってる留守を起こされたりして。もし魂が帰りそびれたら（どうするんですか）……」。

　これが、あの志ん生のグズッグズッとしたセリフ回しで語られるのだ。いやー、かわいいったらありゃあしない。志ん生の『宮戸川』は前半だけの軽い噺だけれど、このばあさんのセリフ部分が最大の聴きどころになっている（ただし、このセリフが入らないバージョンもあるようだ）。

　確かに、寝ている時は魂が遊びに出かけているというのは正しいことを言っている感じがする。夢という形で遊んでいるのよね。でも、「留守を起こされたりして魂が帰りそびれたらどうするの？」というところは、南米某国の男の話に似て、素朴で愛すべきロマンを感じさせるじゃないか。

タイトルになっている宮戸川とは、三社権現の宮戸の前を流れる川ということで、隅田川の待乳山あたりから駒形あたりを指して言っていたという。昔の江戸っ子だったら宮戸川というだけで隅田川のあのあたりとピンと来たのだろう。そう言えば昔の浅草には歌舞伎の宮戸座というのがあって、沢村国太郎（長門裕之、津川雅彦の父）・沢村貞子・加東大介の父親はそこの座付き作者だったという話だ。

抱いている俺はどこの誰だろうなあ

『粗忽長屋』

即物的な合理主義者をケムに巻く噺と言ったら、他にも『粗忽長屋』とか『あたま山』という傑作がある。

まず、『粗忽長屋』とはこんな噺だ。
●人並はずれてそそっかしい男が、ある日、浅草観音のそばで行き倒れを見てハッとする。同じ長屋の兄弟分にソックリなのだ。「情けないなあ、こんな姿になりやがって。ゆうべ、あいつはそそっかしいから自分でも死んだのを忘れて帰って来たんだ」と男は思い込む。周囲の人たちに男は言う。「今、本人を連れて来て死骸を引き取らせますから」。
長屋に帰り、さっそく兄弟分にその話をする。言われたほうは「どうも死んだ心持はしねえんだが」と言いながら、相手のイキオイに押されて、その気になってしまう。

●二人はいっしょに死骸のもとへ。「さあ、本人を連れてきました。死骸を引き渡してください」とせき立てる男。それにつられて兄弟分は死骸を抱きかかえて、こう呟く。「これは俺だ、死んでるのは俺だ。俺、俺……。死んでいるのは確かに俺だが、抱いている俺はどこの誰だろうなあ」。

とまあ、そんな「そそっかしいにも程がある」という奇抜な噺だ。死骸を見て兄弟分のと思い込んだのはともかく、本人に死骸を引き取らせるという発想になるところから、とんでもない論理の飛躍が始まる。文章で書いたらばかばかしくて乗れない話かもしれないが、そこを落語家はシャベリの技で乗せてしまう。

さらに論理は飛躍し、空転し、「てめえは行き倒れて死んだ」と言われた男は、首をひねりながらも結局は真に受けるのだ。あげくの果てに「死んでいるのは確かに俺だが、抱いている俺はどこの誰だろうなあ」という倒錯に陥る。

聴いている私たちは終始、その論理の狂い方の道筋がわかっている。だからこそおかしく笑ってしまうのだけれど、最後の倒錯的セリフには、ちょっと哲学趣味をそそるような（〝私〟とは何か？ みたいな）、いわゆる「不条理」のあやしい感触が残る。

志ん生はこんな奇抜な噺をクスグリだくさんに面白く聴かせる。私が一番好きなのは、そそっかしい男が浅草観音のそばを通った時、人だかりがしているので、何か面白い見世物でもやっているのかと思い、人をかき分けて前に出て行ったら何もやっていないのでガッカリし、「出損（でぞん）しちゃった」と言うところだ。

また、別の場面で、「犬」という言葉が出て来なくて、相手に「ほら、猫のちょいと兄貴だよう」と言うのもかわいい。

『あたま山』
頭の池に自分で身を投げた

論理の飛躍、空転、倒錯――というパターンでは『あたま山』が一番過激かもしれない。

主人公は吝兵衛（けちべえ）という男。花見などという風流には興味がなく、道に落ちていたさくらんぼを、もったいないからと種まで食べる。さあ、そこからとんでもない事態が展開する。

●食べた種がおなかの中で育って、頭の上に芽を出し、やがて大きな桜の木になる。花が咲くとおおぜいが吝兵衛の「あたま山」に花見に押しかけて、どんちゃん騒ぎやケンカをくり広げる。

●うるさくてたまらないので、その桜の木を引き抜くと、そのあとに大きな穴ができてしまった。その穴に雨水が溜まり、池になり、魚が棲みつくようになった。今度は釣りや舟遊びの人たちが押しかけるわ、花火を打ちあげるわ、やっぱりうるさくてかなわない。「ああ、何て因果なことだろう」と、吝兵衛はとうとう自分の頭の池に自分で身投げした……。

という壮大な（？）噺。これまた文章にするとばかばかしいだけだが、落語家の技で、シュールなマンガ的風景が次から次へと浮かんでくるように、面白く聴かせる。最後の、「自分の頭の池に自分で身投げする」というのが、なんだかやっぱり哲学的感興をそそりますね。メビウスの輪みたいな。世界が裏返るかのような。

この感覚は面白い。先代の林家正蔵（彦六）にこんな談話がある。

「年寄りに聞くッてえと、細長いひもを縫う場合、最初は糸目を上にして縫って、縫い上がると物差しをあてがって、一つ宙返りをさせる。すると完全な細ひもになる。理屈はあれと同じで、頭に池があれば、人間がめくれめくれて、みんな池へへえっちまう」（『新版　落語手帖』矢野誠一、講談社）。

人間が、世界が、「宙返り」して「めくれる」。やっぱり壮大でシュールな噺である。

だいぶ昔になるけれど、村上春樹の『世界の終りとハードボイルド・ワンダーランド』を読んだ時、「なんだか落語の『あたま山』みたいな感触だなあ」と思ったものです。

『あたま山』はショートストーリーなので、志ん生は『庚申待』という噺のマクラに使っている。

どっかから……見てるんだね

『化物使い』

のっぺらぼうというのは、どうしてああこわいものなのだろうか。

昔、ある作家（思い出せない）が書いていたことを思い出す。自分は蛇がこわくてたまらないのだが、その恐怖のポイントは「欠如感」なんじゃないか、と。胴体ばかりで手足がない、その「欠如感」に何とも言えず深い怯えを感じてしまうんじゃないか、と。

そういう意味ではラフカディオ・ハーン（小泉八雲）の『怪談』に登場するのっぺらぼうの一編は、圧倒的な「欠如感」で私を震えあがらせた。

高校時代の夏休み。英語の宿題として一冊の薄い英語本が配られた。八雲の『怪談』だが表記は「KAIDAN」ではなく「KWAIDAN」だった。たどたどしく翻訳しながら読んだ。どの話もおそろしかったが、今でも忘れられないほどなのは「むじな」と題されたのっぺらぼうの話だった。

江戸の薄闇。一人の商人が坂にさしかかると、一人の若い女がうずくまって泣いている。「どうしたんですか」と声を掛けると、女は振り向く。その顔を見て商人は仰天する。目も鼻も口もない、のっぺらぼうだったからだ。

商人は必死になって逃げる。すると前方に屋台のソバ屋の明かりが見える。息せき切って飛び込み、ソバ屋の主人に今あったことを語る。ソバ屋は愛想もなく後ろ姿で聞いていたが、突然振り返ってこう言う。「こんな顔だったかい？」。その顔もまた、のっぺらぼうなのだった……。

若い女のエピソードだけでなく、ソバ屋の明かりで人心地を取り戻した商人が、またそのソバ屋に驚かされる。ショックの与え方が二段構えになっているところが、巧い。

これらはみんな狢（むじな）（穴熊あるいは狸）のイタズラということになっているのだが……江戸の闇を思う時、白くのっぺりした顔は妙にリアルさを持って迫ってくる。いかにも「こわいだろー」とあの手この手でデザインされた顔よりも、「何もない」このこわさのほうが底が深く思われる。

落語の世界にも化物は多士済々登場するが、八雲風の心の奥に訴えかけてくるような恐怖感を、落語は思いっきりカラリと笑いのめしてしまう。

高校生の私を脅かしたのっぺらぼうも、古今亭志ん朝の『化物使い』ではグッと可憐で、しおらしく、爆笑を誘う。

とりあえず『化物使い』とはこんな噺だ。

●噺の主人公は御家人あがりの御隠居。たいへんに人使いが荒く、なかなか奉公人が居つかない。その中で珍しく、御隠居も一目置くほどの働き者の杢助という男が奉公する。それで三年もの間、順調に事が運んでいたのだが、ある日、御隠居が少し広い、別の家に引っ越したいと言い出したことから、二人は決裂する。引っ越し先には化物が出るというのがもっぱらの噂で、杢助は大の化物嫌いなのだ。「お暇ァいただきてえ」と言って去ってしまう。

●御隠居は「化物屋敷」へと引っ越しをする。人使いの荒さは知れ渡っているので、新しい奉公人は誰も現れない。すると、そこにさっそく化物登場。まず一つ目小僧が出てくるのだが、御隠居は全然おそれるところなし。それどころか奉公人代わりにこき使う。辟易した一つ目小僧は忽然と姿

を消す。次の夜は大入道が登場。御隠居は力仕事をさせるのに便利と喜び、やっぱりこき使う。大入道も辟易して姿を消す。

●さて、そこでいよいよ、次の夜はのっぺらぼうの登場だ。お辞儀をしている若い女を見て、「お前(まい)さんかい、きょうは」と御隠居は顔をほころばす。

顔をあげた女を見て、さすがの御隠居も驚いた。女はのっぺらぼうだったのだ。

「へーえー」と驚いたものの、この御隠居、好奇心のほうが強い。

しげしげと顔をのぞきこみ、「ふうーん、卵に目鼻ってェことを言うけどねェ、卵そのまんまだァ。なーんにもないねーェ」とズバズバ言う。女は恥じらう。御隠居、さすがに言い過ぎたかなと思い、いいわけのようにこう言う。

「気にすることたァないよ。ンなもん、なくたっていいんだよ。サバサバしていていいじゃあねェか。ねえ? なまじ目鼻がついてんで苦労してる女ァ、いくらもある」――。場内爆笑となるのは言うまでもない。

御隠居は女に綻び物を縫ってくれと頼む。まず針に糸を通さなければならないわけだが、女には目がない。御隠居は心配して「糸が通るかい? 通してやろうか」と言うのだが、女は「通せます」と言い、実際、器用に糸を通す。「ふーん」と御隠居は感心する。そして不思議そうにこう言うのだ。「どっかから……見てるんだね」――。

これまた場内爆笑。

ほんとうに不思議だ。私はこちらのクスグリのほうが妙に好き。なんだか、のっぺらぼうの女の顔が奇妙な光源のように感じられる。内側からボーッと青白いような光を放つ、宇宙人的なイメージがフッとよぎったりして。

御隠居は御満悦。「あのねエ、できることだったら、お前さんが主に出てきておくれ。うん。でねェ、小僧は、三日にいっぺんでいいよ。大入道は十日にいっぺんでいい。あとァお前さん、ずうっと一つ、お願いします。女のほうがいいや」と勝手なことを言っている。

「女のほうがいい」と言われ、思わず女は身構える。御隠居はあわてる。「なんだい、体堅くしてェ。ええ？　妙なこと考えちゃいけませんよ。あたしがどうのこうのするわけじゃない。この歳だよォ。そう、女のほうが華やいでいい、うちン中が明るくなると、そう言ってんだよォ」と弁解にこれつとめる。

このあとが、また、おかしい。「(女の顔を見て)ただ……やっぱり、ちょっと淋しいなァ。なんか描いてやろうかしら……。描き損なうと、あと消したりがまた厄介だからねエ、うーん」——。

そこまで言われて気を悪くしたのか、のっぺらぼうの女もまた忽然と姿を消す。

●さて、その翌晩。御隠居は、今夜はあの女、キモノなんか替えて出てくるかなと呑気に楽しみにしていたのだが……障子の陰にいたのは一匹の大狸。そうか、こいつが毎晩、化物になって出て来ていたのかと御隠居はヒザを打つ。そうして狸にこう礼を言うのだ。「ご苦労さん、ご苦労さん」。

狸はショボリとしている。涙ぐんでさえいる。そうして御隠居に言う。「お願いがあるんでござんすがなァ。お暇ァ頂きたいんでござんす。へエ。こう化物使いが荒くちゃあ、とても辛抱なりかねます」。

主人公の御隠居の人物造型がサイコーだ。スーパー・ドライで、即物的で、八雲的「文学性」のカケラもないのが、いっそすがすがしい。さらに傍役として登場する杢助の人物像も好もしい。使用人としてのプロ意識が、やっぱりスーパー級に強くて、口うるさい御隠居と、堂々、対等に渡り合っている。

女がいいだけに、よけいこわい

『お化長屋』

『お化長屋』という噺にも、『化物使い』の御隠居にだって決して負けないスーパー・ドライ野郎が登場する。やたらと威勢がよく、ペラペラペラペラとまくし立てる若い男だ。

●長屋の中にもっか空家になっている所がある。どの貸家にも人が入ると、ただでも横柄な家主の態度が大きくなるので、長屋の者としてはそこを空家のままにしておきたい。そこで、長屋仲間から「智恵者(ちえしゃ)」と言われている杢兵衛(もくべえ)は一計をめぐらす。空家を訪ねて来た人には、その貸家には幽霊が出るという作り話をして脅かして、追い返してしまおうというのだ。

●杢兵衛の考えた幽霊話というのは、ザッとこういうものである。その貸家に住んでいた若後家が、ある夜、泥棒に忍び込まれ、「キャーッ、泥棒」と叫んだために刺し殺されてしまった。以来、その貸家では次々と変事が起きる。誰もいないのに仏壇の鉦がチーンと鳴ったり、縁側の障子に女の髪の毛の触る音がサラサラと聞こえたり、障子が音もなくスーッと開いたり……。あげくの果て、「生あたたかい風がふわーっと吹いてきますとね、その殺されたおかみさんの幽霊、(幽霊の手つきをして)髪をおどろに乱してスーッと寝ている人の枕辺へ立つ。寝ている人の顔を見て……ケタケタケタと笑いますよ。『まあ、あなたよく越してきてくれましたねえ』と寝ている人の顔を冷たァーい手でもって(撫でるんです)……」。

なかなかディテールが凝っているうえに、語り口がいかにもおそろしげな名調子。志ん朝バージョンでは陰気な震えるような声である。怪談噺が得意だった林家正蔵(彦六)を意識した語り口である。正蔵を知る者にとっては、そこが何とも愉しい。

●みごと杢兵衛の計略は当たり、最初に訪ねて来た客は震えあがって退散したのだが……、次にやってきた威勢のいいペラペラ男は、いくらこわがらせても、まったく動じない。逆に杢兵衛の幽霊話に、次から次へと鋭いツッコミを入れたり、まぜっ返したり。すっかり杢兵衛の名調子を狂わせてしまう。杢兵衛が、若後家が泥棒に殺される様子を刻明に描写して、若後家の死の形相を思い入れたっぷりに「女がいいだけに、よけいこわい」と言うと、いともアッサリと「あァ、そうかもしれねえなァ、うん」

の一言で片付けてしまったり。突然、「おウ、その泥棒ってのァ、てめえだろう。てめえだア！　ええ？　それでなくてそんなに事細かに話ができるかい！」と逆襲し、李兵衛が「あたしじゃァない、あたしじゃァないんだよっ！」とあわてると、「（せせら笑い）ばかだね、こんちきしょうア、うっはっは、むきになって言い訳してやがら。洒落だよ、洒落、洒落！」なあんて笑ったり。

李兵衛が「障子が音もなくスーッと開きますよ」と言うと、「便利な家だ、それァ、おれァ、そんとき狙って小便（しょんべん）に行くよ」てな調子で、全然、李兵衛苦心の怪奇ドラマに乗ってこない。鉄壁ではじき返してしまう。

李兵衛とペラペラ男の掛け合いは、まったくもって陰と陽の笑いの波状攻撃だ。志ん朝のメリハリや間の巧みさが冴え渡る一編だ。

お元や、お元ォ、もとは居ぬか？　『元犬』

犬が好きだ。どんなにつまらない映画でも犬が出て来ると、関心をそちらに絞って我慢して見ることができる。犬の出番が多い映画だと俄然、点が甘くなる。

このあいだのアカデミー賞では『アーティスト』（11年）が作品賞はじめ主要五部門のオスカーを制覇した。アカデミー賞というと、おうおうにして私の好みとはズレていて不満を感じることが多いのだけれど、今回ばかりは「満足、満足」と喜んだ。笑っちゃうくらい犬が活躍する映画だったからだ。

物語の主人公はサイレント映画の人気スターだったのだけれど、トーキー映画が主流になってゆく時勢についてゆけず、落ちぶれてゆく。主人公には愛犬のジャックラッセル・テリアがいて、失意の主人公に忠実に寄り添い、最後には凄い「名演技」で主人公の命まで救ってしまうのだ。

そのジャックラッセル・テリアの本名はアギーと言って、今までタレント犬として数かずのＣＭや映画に出演してきたという。今回の『アーティスト』の演技で犬のアカデミー賞（金の首輪賞）を獲得した。何でも、幼犬の頃は暴れ回って飼主を困らせ、「処分」されかかっていたところを、犬のトレーナーが引き取って、タレント犬に育てあげたのだという。アカデミー賞授賞式にも出ていたけれど、かわいいったらありゃあしない。抱きしめたくてたまらなかった。

もちろん落語の中にも犬が登場する噺がある。最も有名なのは『元犬』だろう。誰が演じても愉しい噺なのだけれど、やっぱり古今亭志ん生バージョンがマクラからしておかしいですね。

最近は犬も高価になって種類も増えたと言い、「糸ッくずが歩いているような犬なんぞおります。えー、このォ糸ッくずゥほどいたら、犬がなくなっちゃアしないかというような」なあんてね。

それに較べると昔はそういう「不思議な犬」はいなくて、アカとかクロとかブチくらいのものだった。白い犬というのも、めったにいなかったと志ん生は言い、こう続ける。

「えー、いつの頃ですか、浅草の、蔵前の、八幡さまの境内に、一匹の白犬がまぎれ込んで来た。これが純の白犬ですから、（近所の人が）『おおッ、こりゃア、ほんとの白だよ。えー、白や、おい、おめえはいいなア。え、白犬は人間に近いてえからナ、今におめえは、人間に生まれるぞ』なんてンでナ、そういうことをいわれるてえと、そのつもりになるから、白公の奴『おれは、ひょっとするてえと、人間になれるかもしれん。あー、人間になりたいね、ウン、人間になりてえ。八幡さまにお願いしてみよう』なんてんで……（略）満願の日になるってえと、朝、どこからともなく吹いて来た風でもって白公の毛がネ、サアーッととんじゃって、人間になっちゃった」

きれいで色白の若い衆になった白公は生活のためにどこかに奉公しなくてはと思う。何しろ白公は人間になったばかりだから、つい犬の習性がヒョイヒョイ飛び出す。きものの着方がわからなかったり、下駄を履かずにくわえたり、片足持ちあげてオシッコをしたり……。

幸い、以前から見知っていた上総屋の旦那に出会ったので、すり寄ってゆくと、親切にも奉公先を紹介してくれた。「おまえさんは、かなり変わってるよ。だから変わったところへ奉公させてやらなくちゃなンねえ。あー、近所の御隠居さんでナ、この人が変わってるんだ。なンでも変わってる人が好きなんだ。奉公人も変わってンのを置きたいと、そういってる」というわけで、御隠居宅に白公を連れてゆく。

御隠居に上総屋が白公を紹介するくだりが最高におかしい。「えー、ああいうふうに変わってンですよ。ほら、敷居にあごォのっけて、寝そべってるでしょ」——。犬好きだったらその様子がパッと目に浮かんで思わず噴き出してしまうはずだ。

御隠居と白公のチグハグでありながら妙にかみ合っている一連の会話もおかしい。御隠居が「お父ッつぁんは？」と聞くと白公は「えー、それがネ、親父はよくわかンないんです。なんでも酒屋のブチじゃねえかって」。「おっかさんは？」と聞くと「お袋はいたんですがね、えー、どっかから、毛並みのいいのが来たんで、それにくっついて行っちゃった」うんぬんと。御隠居宅にはお元という女中がいる。白公の奇行があまりにも妙で、話が通じないので、隠居はお元を呼ぶ。「おい、お元や、お元ォ、もとは居ぬか？」

白公は答える。「へえ、今朝ほど人間になりました」——。

これがサゲ。

犬が人間になったらどんなことが起きるのだろうというシンプルな着想の噺だけれど、完全に人間になり切らず犬らしさが濃厚に残っている、というだけでみごとにあれこれと笑わせる。珍しい純白の犬で願かけのあげくに人間に化身したというのも、何となくファンタスティックで神秘的な匂いを添えている。

おいら一人ぼっちになった 『鴻池の犬』

柳家さん喬のCDでしか聴いていないのだけれど、『鴻池の犬』がなかなかよかった。愛らしかった。一言で言うと、江戸・本所の犬が幼い頃に別れた兄を訪ねて、はるばる大坂・船場まで旅をする噺。

●本所の乾物屋の店先に、生まれたての子犬が捨てられたことから、物語は始まる。黒、ブチ、白の三匹だ。小僧の定吉がかわいがったため、三匹は店に居つく。そこにある日、大坂船場の富商・鴻池の江戸の出店の人がやって来て、三匹のうちの黒をゆずってくれないかという話を持ち込んでくる。何でも、「船場のぼんがかわいがっていた黒犬が近所の火事に巻き込まれて死んでしまった。他の黒い犬じゃあダメだ。死んだ犬とそっくりのさし毛のある黒い犬でなくてはと言う。ここの家の黒い犬はさし毛も瓜二つなので、ぼんのためにぜひいただきたい」と言うのだった。乾物屋は定吉を説得する。定吉は泣く泣く承知する。
●黒い犬は羽二重の座布団にカゴで大坂へ――。以来、定吉は他の二匹の面倒を見なくなる。二匹は食べものも与えられず、ひもじい思いをしている。「ブチあんちゃん」は弟のシロのためにエサを探そうとして大八車にはねられて死んでしまう。ひとりぼっちになってしまったシロは決意する。「そうだ、大坂に行こう。クロあんちゃんのいる大坂の船場というところに行こう」。
●通りがかりの飛脚の話をたよりに大坂を目ざす。途中で伊勢まいりに行く犬と出会い、道中を共にする（どこかのお嬢さんと婆さんの会話――「あら、かわいい。白い犬は毛が抜けると人間になるって」「落語の聴きすぎですよ」――というのが『元犬』にちなんだクスグリになっている）。

●船場の鴻池で飼われているクロは何不自由なく暮らしている。もともとは江戸の者だから気っぷがよくって、（他の犬に）ゴチソウでも何でも「すまねえがこれくってくんねえか」などとふるまうから、大将大将と慕われている。江戸弁のクロと大坂弁の他の犬たちの会話の対比が面白い。
　そんなクロのナワバリに迷い込んで来たのがシロ。他の

犬たちに吠えかけられていたところをクロが仲裁に入り、話を聞いてみて、幼い時に離ればなれになった弟のシロだとわかる。感動の再会。他の犬たちは「おとうとはんでっか、鼻筋が通ったところ、大将に似てますなあ」などとはやし立てる。

折しも店では「こい、こい、こい」とクロを呼んでいる。食事の時間なのだ。クロは飛んで行って、エサをシロにあげる。そのエサというのが「鯛の浜焼」に「鰻巻き」に「カステラ」だ。それをクロはシロにどんどん食べさせ、こう言う。「こんなものはくい飽きてるんだ。アッサリしたものが食べたいんだ。シバ漬けで茶漬けかなんか」。

シロはシミジミと言う。「うまかった。おいら、こんなうまいもの生れて初めて食べた。大坂へ来てよかった。クロあんちゃんに会えてよかった。大坂へ来て、よか……っ……た」と途中からウワゴトのようになり言葉をとぎらすシロに、クロは驚き、「死んだのか?!」と声をかけると、シロがハッとして、「あっ、寝てた」というところがおかしい。

「クロあんちゃん」「ブチあんちゃん」と兄を慕うシロを、さん喬は何ともいじらしく愛らしく演じている。

もともとの上方落語『鴻池の犬』については私は全然知らないのだが……シロが途中で伊勢まいりの犬に同行してもらったというのは、柳家さん喬の工夫だったらしい。CD付録の解題（長井好弘氏）の中で、さん喬は「江戸で育った子犬が単身大坂まで行けるのだろうか。そこを悩んでいたら、ある人が『おかげ犬』のことを教えてくれた。そうか、お伊勢参りの犬が先達になってくれれば、行けるじゃないかと膝を打ちました」と語っている。

『御影参明和神異記』の中に、こんな記述があるのだそうだ。「明和八年四月十六日のうしの時刻に上方から犬が参宮したといって、人々が大騒ぎをしました。外宮の北御門口から御手洗に行っては水を飲み、本宮で神殿にひれ伏し拝礼のかたちをしたそうです。宮人はただならぬものだと追い返さず、御祓いを首にくりつけてやりました。この犬の道中、犬に銭を与えた者は数多くいたらしく、文銭を数百つけていました。しかし、このお金を盗むものはだれもいなかったそうです」うんぬんと。自分の代わりに犬におまいりしてもらおうという気持がこめられていたらしい。

ＣＤなので所作などが見られないのが残念だ。ぜひ高座で見てみたい。

五

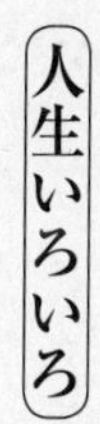

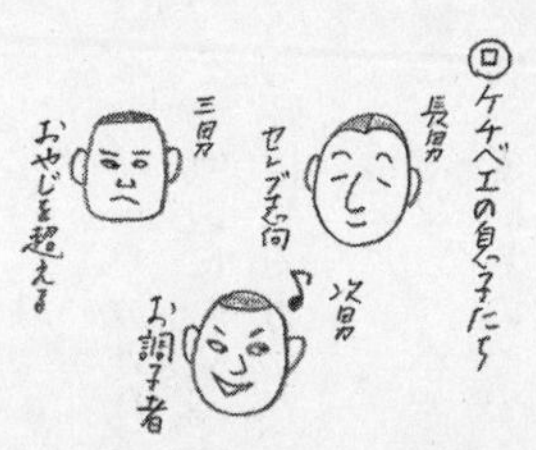

経営者がなんだ!『駐車場物語』

浅草っ子の友人から聞いた話――。

友人は自営業で、隅田川べりの自社ビルに住んでいるのだが、数カ月前に真裏のビルが取りこわされて空地になった。しばらくすると、その空地に紙袋や食べかすなどが散乱するようになった。どうやら時どきホームレスと呼ばれる方がたのねぐらになっている様子なのだ。

そんなある夜のこと。空地から何やら怒鳴り声が聞こえて来る。小窓から見ると、みすぼらしい風体のおやじが壁に向かって、一人、怒鳴っているのだった。ゴミの一件もあり、注意しようかと思ったものの、酔っ払っているようなので言ってもムダとそのままにしておいた。

その三日後の朝。何気なく小窓から外を見ると、六十代とおぼしき小柄なおやじが荷物(ビニール袋三つ)を空地に運び入れている。あたりにはゴミが散乱している。

友人は小窓から首を突き出し、「おじさん、ダメだよ、ゴミを散らかしちゃあ」と注意した。

するとそのおやじはピンとはじかれたように小さな体を精一杯伸ばし、「キヲツケ」の姿勢になって、「はいっ、はいっ、わかりましたっ」と答え、「違うんです、ゴミは私のではないんです。山形から来ていた人のゴミなんです。その人、山形に帰ったんです」と言い、てきぱきとゴミを片づけ始めたという。

言われてみれば、夜の怒号おやじより身なりもコギレイだ。ほんとうに別人なのだろう。顔は細面にカギ鼻で「歌舞伎役者風」だったという。

「キヲツケ」姿勢も、友人の心を萎えさせた。「何だかさあ、いかにも怒られ慣れている人という感じで、せつなくなっちゃって」と友人は笑う。それで、夜はそこをねぐらにするようになっても何も言わなかった。「キレイに掃除してくれるんだから、かえっていいか」なあんて。

数日後、空地に「キヲツケ」おやじの姿が見えなくなった。妙な淋しさも混ざってウッスラと心配していたら、ある日、車で言問橋を通りがかった時、そのおやじが荷物を持って歩いているところを見かけたという。「思わず車とめて声をかけそうになったんだけど、それもヘンかなと思って。きっと、あのおじさんは移動型のホームレスなんだろうね。気に入りの場所を転々としてるんだろうね。川べりの遊歩道に大きなテント張って定着しちゃってる人たちとは違うよね」と友人は言う。

私は「そうよそうよ、移動型こそ、その世界の正道よ。王道よ」と激しく同意した。友人の話を聞きながら、私は何度も柳家小三治の傑作『駐車場物語』を連想していた。

御存じのように小三治は古典落語の人だけれど、噺の前のまくらの面白さには定評があって、それがどんどん長くなり、独立した一つの噺のようにまでなっている。まくらだけ集めて活字化した本（『ま・く・ら』『もひとつ　ま・く・ら』講談社文庫）があるほどだ。『駐車場物語』はその中でもベストワンだ。「新作落語」とか「創作落語」といった言葉を持ち出すまでもなく、ちゃんと落語になっているなあと思う。落語のおおもとの何かがあると思う。その何かというのは、自分の言葉ではうまく言えない。古今亭志ん生の言葉を借りたほうがいい。「落語というのは世の中のウラのウラをえぐっていく芸」——。『駐車場物語』にはそんな、えぐった妙味があるのだ。

小三治師匠はバイクが大好きで近くの駐車場の一角に四台を置いているのだが、その極小スペースに「ホームレスのかた」が住みついてしまった。その人（——ハセガワさんという）というのがまた、礼儀正しくキレイ好きなので、ついつい邪慳にもできず黙っていたら、どんどん生活感たっぷりに定着の様相を呈して来た。それでも師匠は強く出られない……。

異様な（？）形で接点を持ってしまった二人の、心理的距離の動きが何とも言えず味わい深く、面白い。最高に笑ったのは……前後のいきさつを説明せずに言うのもナンですが、「経営者がなんだ！」っていうフレーズですね。

――というわけで、さっそく私は浅草の友人に『駐車場物語』のＣＤを送って、聴いてもらった。友人は落語をそれほど聴き慣れた人ではないのだけれど、案のじょう、大笑いしたという。

そして、オマケのようにこんな話も教えてくれて、私を笑わせ、ちょっと泣かせた。

「ＣＤ聴いていて思い出したんだけど、浅草寺の近くで友だちが駐車場を経営しているんだよ。屋根つきの駐車場なんだけど。そこにやっぱりホームレスが一人、住みついちゃったんだ。友だちがたまりかねて、『ダメだよ、出て行ってくれないと』って言ったら、パッと土下座したんだって。土下座して『掃除でも何でもしますから、お願いです、いさせてください』って言うんだって。友だちも人がいいから、もうそれ以上言えなかったって」――。

あじゃらかもくれん……『死神』

深夜のバラエティ番組で、こんな場面があった。

お笑いタレントたちが雑談する中で、爆笑問題の太田光と、もとは落語家という伊集院光が落語の『死神』のストーリーを説明し始めたら、進行役の小池栄子も他のお笑いタレントたちも初めて知ったらしく興味津々という感じで聞き入り、「エーッ、そんなに面白い話なんだ」と、すっかり素に戻って感心していたのだった。

ほんの数分、ストーリーの骨格だけをかいつまんで説明しただけなのに、こんなにも人の心を（それも「笑い」に関してはスレッカラシの芸人たちの心まで）引きつけてしまうのだ。うん、やっぱり『死神』という噺には力があるんだなあ、古典落語のスタンダードナンバーにはそれなりの生命力があるんだなあ、と思わずにはいられなかった。

やっぱり「死」は時代を超えて誰にとっても一大関心事なのだった。題材としては最強カードなのだった。

『死神』は、ふとしたことから死神とお近づきになってしまった男の話だ。

金策尽きた男が近くの木で首を吊ろうとしたところに突然スーッと死神が現われる。その風体はこんなふうだ。「年はもう八十以上にもなろうかという、頭に白い薄い毛がポヤッと生え、ネズミ色のきものの前をはだけ、アバラ骨は一本一本数えるように痩せこけ、ワラぞうりを履き、きたない竹の杖をついた爺さん」。

死神はこの男に奇妙な儲け話を持ちかける。お前にだけは死神が見える。病気で寝ている人の枕元に死神が座っていればその病人の寿命はないが、足元にいればまだ寿命があるというしるしだから、「あじゃらかもくれん、きゅうらいす、てけれっつのぱ！」という呪文（「きゅうらいす」の部分は演者によってさまざま）を唱えて、パンパンと手を打てば、死神は退散し、病人はたちまち元気になる。これさえ知っていれば、医者として金儲けできるぞ――と。

男は死神の言う通りにして大成功をおさめる。調子に乗って派手に散財してしまい、もとの貧乏に戻ったところに大金持の家から声がかかる。病人を見ると死神は枕元にいるのでガッカリするが、男はある計略を働かせ、まんまと病人の命を救って大金を手に入れる。

だまされた死神は、再び男の前に姿を現わす。そして石段を降りた下の不思議な所へと連れて行く。

さて、そこからがこの噺のクライマックスであり、サゲであり、最大の聴きどころだ。薄暗い地下のその先には無数のローソクが燃えている。ローソクの長さはさまざまで、炎のいきおいもさまざまだ。わずかな言葉での描写だが、その光景のイメージは鮮烈だ。ダークな魅惑の異次元空間——。

死神はそれを人びとの寿命だという。そして、そこにある今にも消えそうなローソクが、お前の寿命だと言うのだ。命という不思議なものをローソクの火に喩えたわけだが、これ、妙なリアリティがありますね。

驚き怖れる男に、死神は灯しかけの小さなローソクを手渡しながら言う。このローソクに火を接いでみな。うまく点けばお前は助かる。

男は震える手で、ローソクに火を接ごうとする。死神は、ほくそ笑みながらささやく。「消えれば死ぬよ……ほら、ほら……ほーら……消えた……」。

——というわけで、主人公は死んでしまう。ハッピーエンドじゃあないのだ。

『死神』は幕末・明治の「大」がつくような名人、三遊亭圓朝がグリム童話にヒントを得て作った噺なのだという。その弟子の圓遊（初代）は、結末が暗すぎると考え、主人公の男が生還してしまうというふうに作り変えたそうだ。その後もこの結末を避け、明るく滑稽な方向へと変えている演者が多いようだ。

そういう中で三遊亭圓生は圓朝バージョンを踏襲した。主人公の死をサゲにした。CDで聴くと、これがとてもいいのよ。

後味は重いけれど、重苦しくはない。快い重さだ。マクラが長すぎるけれど、はっきりと名演だと思う。

圓生には計算があった。「これはいわば人間そのものへの風刺です。ですから蠟燭の件りの前までは、なるべくばかげた、陽気な、漫画的な演出をすべきだと思います」（CD版『圓生百席』の小冊子）という計算が。

ハッピーエンドでなくても、噺が「死」で終わっても……いや「死」で終わるからこそ、深いところで人びとの心を揺さぶる。何か、ありがたそうなお寺や教会で珍しく生真面目な気分のひとときを過ごし、何となく魂を浄化されたような、ある種の「いい気持」になる――それもまた娯楽なのだ、落語なのだ、落語の世界はそれだけの幅があるものなのだ、「暗い」も「明るい」もない面白さというのもあるのだ、という確信が圓生にはあったのだろう。

「死」をサゲにすることから逃げなかった圓生は、さすが一枚上手だなあと思う。

私は毎晩、眠りにつく時に落語ＣＤを聴く。『死神』はたびたび聴きたい噺ではないけれど、たまに……三年に一度くらいむしょうに聴きたくなることがある。

セコなる鰻屋

『鰻の幇間』

旅のベストフレンドはK子だ。高校時代に同じクラスになって以来、何度いっしょに旅行したか知れない。国内も海外も。泊まる宿もピンからキリまで。

旅の友としてどこがいいのかというと、まあ、いろいろあるけれど、①歩くことをいとわないこと、②ピンの宿もキリの宿もそれぞれに面白がれること――この二点が大きいと思う。

十数年前、有名な温泉街の（料金的には）中級クラスの旅館に泊まった。予約はしていなかった。古びて風格のある外観に目眩まされて決めた宿だったが、部屋に案内されて、たちまち後悔した。部屋の中にあるもの――座卓のデザインといい、湯呑み茶碗の模様といい、座布団の柄といい、掛け軸の絵といい……ことごとく趣味が合わないのだ。まるでこの私を狙いすまして「嫌いなものを取り揃えてみました」といったあんばい。

「何なのよ何なのよ、このゴテゴテしたテーブル。田舎の庄屋どんじゃああるまいし、もっとスッキリしたものにするがいいじゃないの。この茶碗の模様もそうだけど、あの掛け軸の絵ね、蘭だか何だかわかんないけど、売れない演歌歌手のきものの裾模様みたいじゃない？　その下にある花！　造花じゃないの。余計なもの、置くな。お金かけたくないなら、そこらのエノコログサでも笹でも一輪差しにしてくれたほうがよっぽどオシャレ。安宿なら文句は言わない。そこそこのお金を取ってこのセンスっていうのが許せない。だいたい、廊下を通った時から不吉な予感がしてた。相田みつをまがいのヘンなのが飾ってあったでしょ。有名人の色紙とか記念写真も。おっとォ、そのクズカゴ！　なんでいきなりマールボロのロゴ入りになるわけ？」

と、次から次へと悪口（主観的には〝批評〟）が飛び出す。K子も負けずにコメント。妙に興が乗ってきた。もはや「楽しい」。お茶をすすりながら、目につくものを片っぱしからけなし合い、やがて……「まっ、ザッとそんなところですか」と言って、私たちは大笑いした。K子はそういうところ、イキが合うのだ。

その頃、私はすでに落語にはまっていたから、悪態つきながら『鰻の幇間（たいこ）』の主人公・一八（いっぱち）を連想せずにはいられなかった。私、まるで一八みたいだな、と。

『鰻の幇間』は数ある落語の中でも、よく出来た有名な噺だから、私がくどくど説明するまでもないだろう。とにかく、ごく格の低い幇間（いわゆる野幇間）の一八が、路上で見覚えのある男と出会い、近くの鰻屋へと誘われる。これが実は「セコなる鰻屋」。一八はそのことに驚きながらも、表面上はホメそやす。一八は、この男をうまくだまして鰻をおごらせ、祝儀も巻きあげようとしたのだが、結局のところ、逆にその男にメチャクチャだまされてしまうというお話だ。

終盤、だまされたと知った一八が、鰻屋の女を相手に憤懣をぶちまけるところが、この噺のハイライト。一番の聴きどころだ。

多くの演者が手がけているが、私は先代（八代目）桂文楽と古今亭志ん朝バージョンがすばらしいと思う。言葉の古めかしさがいかにも幇間がいた時代を思わせるので、文楽バージョンでその一部を紹介しよう。一部と言っても長くなるけれどこんな調子です。

「こんなぬるい酒てえのはないよ、水っぽいったってねえや、飲んでるそばから頭へピンとくるじゃァねえか、アタピンじゃァねえか」

「それになんだ、だいいち鰻屋の徳利なんてえものは無地にしてもれえてえや、絵が描いてあらァ、その絵もいいや、山水か何か描いてあるのはオツなもんだ、この絵をごらん、夷様と大黒様と相撲を取ってる。こんな徳利から酒が出るかと思うと飲んでてうまかァねえや」

「このまた猪口をごらんよ、言いたかないけど客がふたりだよ、猪口が一つずつ違ってるなァおかしいでしょ？　それもいいや、こっちに伊万里があって、こっちのほうは九谷てえなァ、オツなもんだ、この猪口をごらん、金文字で三河屋としてあらァ、酒屋からもらったんだろ？　こっちの猪口が勘弁できねえ、丸に天の字が書いてある。テンプラ屋からもらったんだろ？　君！」

「鰻屋の新香なんてものはなァ、オツに喰わせるもんだ、この腸だくさんのキューリ、きりぎりすだってこんなものは喰やァしないよ。奈良漬をよくまあこう薄く切ったね。こう薄く切れるもんじゃないよ。これ、奈良漬ひとりの力で立ってるんじゃないよ。隣りの大根にこう寄っかかってんじゃないか」……うんぬんと、けなしまくるのだ。

その「セコなる鰻屋」の情景が鮮かに目に浮かびますね。今、念のため広辞苑を見ると「せこい＝①（芸人の言葉。主に明治期に用いた）悪い。へたである。②けちくさい。みみっちい」。私、好きだなー。「セコなる」っていう言い方。

趣味の合わない店や宿に間違えて足を踏み入れてしまっても、それはそれで面白い。

あとでけなしまくって笑うという楽しみがあるからだ（二度と行かないけどね）。これを私は「一八ごっこ」と称す。落語は救いです。不運に耐える術としての「一八ごっこ」だ。

君と別れて松原ゆけば

『黄金餅』

この連載はできるだけノンキに愉しみながら書きたいな、と思っているのだけれど、今回はダメだ。半月ほど前にふと耳にしてしまった言葉が胃のあたりにこびりついたかのようで、思い出すたび（それがまた毎日のようにしつこく思い出すんですよね）、不機嫌になるのだ。

テレビの討論番組を見るともなしに見ていた時のことです。話が日本の防衛問題になった。私はこの問題にはなかなか定見が持てないので、ちょっとばかり集中して聞いていたら、女の論客の一人が事もなげに（と私には見えた）こう言った。「私は殺すより殺されるがわでありたいと思っています」。

これが十五歳の少女なら、あるいは福島瑞穂先生なら、私も今さら驚かない。「あー、ねー」と苦笑するだけだが、レッキとした大人で精神科医もしている人だったかからあっけにとられたのだ。

そんなこと言っちゃっていいの？　その言葉にどこまで責任を持てるの？　どんな状況に置かれてもその信念は揺るがないって言い切れるの？　その信念を自分だけでなく他の人たちにも、国民一般にも強いるわけなの？　人の心をそんなに立派で崇高なレベルに設定したうえで、政治を語ってしまっても構わないの？……次から次へと疑問、いや反論が湧いてくる。

それにしても……なぜ私はこんなにも反感を抱いてしまったのだろう。

それは、思いっきり粗雑な言い方をしてしまえば「性善説」というものへの反感だったのかもしれない。私だって「性善説」を頼りに暮らしているところはたっぷりあるけれど、それを政治原理にするのは危険だと思っているのだ。P・J・オローク（アメリカのコラムニスト）じゃないが、「地球の根本的な性格とは混沌と戦争だ。この星に何年も暮らしていながらそこに眼がいかないとしたら馬鹿ではないか」（『楽しい地獄旅行』芝山幹郎訳、河出書房新社）と思っているのだ。

政治に関してばかりじゃあない。私はどちらかと言ったら「性悪説」支持の人間ですね。いや、正確に言うと私の場合は「性愚説」というか「性マヌケ説」なのだけど。とにかく「性善説」は私の心の奥底にひそかに保存されているだけで、外に向かってめったに持ち出すことはない。だから大っぴらに掲げ出している人を見ると必要以上に不快になるのかもしれない。

　さてさて、ようやっと本題に入る。私が落語好きになったのも、「性善説」ではなく「性悪説」「性愚説」「性マヌケ説」の人間だからだと思う。何しろ落語の世界には立派で崇高な人はめったに出てきませんからねえ（「柳田格之進」みたいな高潔な人もいるけれど。でも、この人だって考えようによっては愚かしい）。人間の弱さ、愚かしさ、おぞましさの種々相が描かれている。「人間はこうあるべき」ではなくて「人間はこういうもの」として描かれているのだ。たいていが、まあ、他愛のない悪行愚行だけれど、中には倫理的にきわどい噺もある。例えば、古今亭志ん生が得意とした『黄金餅』――。

　ある長屋にケチで有名な西念（さいねん）という貧乏坊主が住んでいた。この坊主が病気で苦しんでいるのを知って、隣室の金兵衛が見舞いに行くと、西念は「あんころ餅が食べたい」と言う。金兵衛が買ってきてやると、「ひとが見ていると食べられない」と言うので、自分の部屋に戻って壁の穴からノゾキ見していたら、アラ、ビックリ。西念はひそかに蓄えていた金を次から次へと餅にくるんで呑み込んでいるのだった。死んでも人に金をやりたくないという執念。

結局、西念は餅をノドに詰まらせて死んでしまう。金兵衛はその金が欲しくてたまらない。長屋の連中を適当に言いくるめ、焼き場には一人で付き添い、「腹んとこだけ生焼けにしてくれ」と注文をつけ、焼きあがった遺骸を包丁で切り裂いて金を取り出す。そうして、それを資金にして目黒に餅屋を出して繁盛しましたとさ——という噺なのだ。

遺体を損壊するんだから、あんまり気持のいい噺ではない。鶴屋南北の歌舞伎のような「江戸の闇」や「貧乏の迫力」あふれる、悪スレスレのきわどい噺だ。志ん生はどうもこういうきわどい噺が好きらしい。『お直し』にしても『もう半分』にしても。それを志ん生が演じると、善か悪かの価値判断よりも「そこに人間がむきだしでいる」という存在感のほうが強く心に迫ってくる。シリアスには違いないのだけれど、志ん生は決して重くも硬くもしない。軽く、しかも深いものにする。

こういう噺、例の女論客はどう聞くのだろう。金兵衛を金の亡者と非難してオワリか？

西念の遺体が運ばれるのは麻布絶口釜無村（ぜっこうかまなし）の木蓮寺（もくれんじ）。そのボロ寺の呑んだくれ坊主のインチキお経が志ん生ならでは。ばかばかしくて愛らしくて。金魚や天神や虎や犬の子のくだりもおかしいが、最後に「君と別れて松原ゆけば、松の露やら涙やら」が唐突に出てくるところが何とも言えずおかしい。松原を見ると必ずこのフレーズを思い出し、愉しくなる。

きっちり詰まったヤニ煙管　『富久』

一億円だの二億円だの、いや千万円単位でも構わない。一発ドーンと宝くじにでも当たらないものかなあ——と思ったことは何度もある。数え切れないほどある。けれど実際に買ったことは二、三回しかない。

どう考えてもこの私が当たるはずがないと思ってしまうのだ。身近に宝くじで大金を手にした人というのも全然いないし。当たった人は煩しさや危険を避けて、おとなしくナリをひそめているのだろう。メディアに顔をさらし、喜びを語ることもないので、ほんとうに当選者がいるということが実感しにくい。信じられない。

だから、岩手の二億円宝くじ殺人事件（二〇〇四年サマージャンボで一等に当選した女の人がその元交際相手に殺された）を知った時、まず思ったことは「あっ、当たった人ってほんとうにいるんだ」ということだ。殺された人には申し訳ないけれど。

それまで素通りしていた宝くじ売場が、にわかに引力を増して感じられたのは事実です（それでも小銭が惜しくてやっぱり買わない）。

落語は貧乏に寄り添うような形で育ってきた芸能だから、当然、「一攫千金」の夢をのせた宝くじ（当時は富くじ）は絶好のモチーフになる。

このジャンル（？）の噺では、さすがに貧乏自慢の古今亭志ん生バージョンが、金銭に追い詰められた者の実感こもって圧倒的に面白い。

中でも傑作は『富久』でしょう。主人公は幇間の久蔵。酒に溺れて仕事をしくじり、あちこちに借金をつくり、にっちもさっちも行かなくなっている。そんな自分を「きっちり詰まったヤニ煙管」だと言って笑わせる。きっと昔は一般に使われていた言葉なのだろう。煙管タバコには縁がなくなった今でも、何だか感じがよく出ている言葉だなあと思う。さらに自分を「借金がきものを着ているよう」と形容するのも面白い。

その久蔵がなけなしの小銭をはたいて富くじを買う。そこに火事騒ぎが起こり、なんだかんだという紆余曲折のあげく、みごと一等の千両を獲得する……という噺。

人間心理の面白さを堪能させるくだりの数かずや、厳冬の夜の江戸の街並が目に浮かぶ描写もあって、聴きごたえたっぷりだ。最後に神棚の中から富くじの札がみつかる場面では、客席から「思わず」と言った感じで拍手まで湧き起こる。聴衆はいつしか久蔵を愛し、久蔵の気持になり切ってしまうのだ。

私がこの『富久』の中で案外好きなのは、富くじの当選発表の場に詰めかけた人びとが「もし千両が当たったら」と夢を語る場面ですね。ばかばかしく無邪気な夢ばっかり。預金だの資産運用だのなあんてことはまるで考えない。アブク銭はアブク銭らしくパァーッと散財するのだ。江戸っ子だもの。ある男は言う。「(千両当たったら)日頃の思いを通すね。庭に池を造って、水の洩らないようにして、そこに酒をいっぱい入れてな、ドボーンと飛び込んで、泳ぎながら呑む」――。

かわいいじゃないの、愉しいじゃないの。そのマンガ的光景が目に浮かぶ。酒呑みの志ん生だから、このセリフ、面白さ倍増(志ん生の子の志ん朝は、このくだりにさらに一工夫。タクワンを一本持って池に飛び込むという設定にしていた。「ドボーンと飛び込むよ。泳ぎながらこいつかじって、ガブッと呑む」)。

『宿屋の富』では、宝くじの当選発表の場に詰めかけた人びととのバカ話がもっと詳細に描かれている。

こちらも一等は千両。自分は神様に一等はムリだが二等の五百両は当てさせてやろうと言われたと信じている男が登場。「(五百両が当たったら)白い縮緬(ちりめん)を一反(注)きもの一枚分)買って、紺に染めて、まんなかをポーンと切って財布にする。当たった五百両をこまかくして、ザッザッザーッと入れて、とっさきをグッと結んで、ふところに入れて、それで吉原にひやかしに行く」。そこからなじみの女との夢（と言うより妄想）の暮らしが、事細かに語られてゆくのだ。

その夢物語にあきれた友人が「そりゃ、なんだろ、当たってからの話だろ？　当たらなかったら、どうすんの？」と聞くと、この男はすまして、こう答える。

「うん、当たらなかったら、ウドン食って、寝ちゃう」――。夢が叶わなくてもカラリとしたものだ。

志ん生の富くじ関係の噺では『水屋の富』というのもある。こちらは富くじが当たった後のお話。

水を売り歩いて細々と生計を立てていた男が富くじで八百両を手にする。喜んだのもつかのま、留守中に盗まれるのではと気になってたまらない。あんまり江戸っ子じゃあないのね。小心な男は疑心暗鬼で疲労困憊。そんなある日、大金が盗まれたことに気づく。男は叫ぶ。「あ――っ、盗られちゃった……。これで苦労がなくなった」。

巨額のアブク銭は災いのもと――と、くじ運が悪く小心な私は無理矢理にでも思うことにしよう。

江戸っ子の生まれぞこない金を貯め　『鼠穴』

『鼠穴（ねずみあな）』は落語のガイドブックなどにはめったに載っていない噺だけれど、近年、林家正蔵（九代目）がよく演っている。〈笑い〉は少ないがドラマティックな噺だ。名人・三遊亭圓生バージョンでは、こんなふうになっている。

●物語の主役は、落語では珍しく田舎から江戸にやってきた男だ。女でしくじり田舎にはいられなくなって背水の陣で江戸へ。数年前に江戸に出て、商売で成功している兄を訪ねたものの、非情にも兄は弟にたった三文しか与えず、「これを商売の元手にしろ」と言う。「一文なし」とか「ビタ一文」という言葉があるくらいだから、三文というのは百円くらいの感じだろうか。

●男はガッカリしたものの、奮起して働く。まずサンダラボッチ（米俵の両端に当てる丸いフタのようなもの）を三文で買い、それでサシ（穴あき銭を通すヒモ）を作り、そのわずかな利益をコツコツ貯め、それを元手にして働きづめに働く。早朝には「ナット、ナット、ナットー」と納豆売り、昼には「トーフ、ナマアゲ、ガンモドキ」と豆腐屋に変身、夕方には「キンちゃん、甘いよ〜」とゆで小豆を売り、夜には「オイナリさ〜ん」と稲荷寿司を売り……やがて蔵を三つも持つほどの富商になる。

こういう「わらしべ長者」的サクセスストーリーは聞いていて単純に楽しいものだ。変種の御伽話を聞くようで。

●そんな幸せもつかのま、近所から出火。「帰ってみると、もう、あたり一面、火の海と化しております。真っ赤になっている中に自分の家の蔵だけが黒く、ポッ、ポッ、ポッと、三つだけまるで浮き出しているよう」。

以前からウッスラと気になっていた蔵の鼠穴（ネズミがかじった小さな穴）が災いして類焼してしまう。三つの蔵が次から次へと焼けてゆくところ、圓生の迫真の話術に思わず引き込まれる。たった一つの小さなミスが途方もなく大きなダメージにつながった時の、そしてそれまでコツコツと築きあげてきたものが一瞬にして崩壊した時の、あのザーッと血の気が引くような感じ……。すっかり主人公に感情移入してしまう。

●悪いことは重なるもの。再起をはかるが商売はうまく行かず、妻も病いに倒れる。にっちもさっちも行かず、仕方なく兄を訪ねて借金を申し込むのだが……という噺。ラストはあえて伏せておく。もう一ひねりあるのです。

とまあ、そんなふうに金にまつわる運命の転変が激しいので、多くの人の関心を引きつける面白い噺になっている。

私もこの『鼠穴』はわりあい好きで、何度か聴いてきた。以前からかすかに気になっていたのは、圓生はなぜあんなに長いマクラをつけているんだろうということだった。

本編に入る前に、江戸っ子とはこういうものということをエンエン語っている。「江戸っ子は宵越しの銭を持たない」とか「江戸っ子の生まれぞこない金を貯め」とかの、よく知られた言葉を引き合いに出し、江戸っ子的な商い（あきない）の仕方や金銭感覚について、上方のそれと面白おかしく対比させている。この部分がやけに長い。しかも本編とあんまり関係がないような気もする。本編の主人公は江戸っ子でも上方の人でもなく、田舎の人なのだから。

今回、気をつけて聴いて、やっとわかりました。長いマクラの中で圓生は一言、こう言っていたのだ。「こちら（江戸、東京）へ来て金を残そうなんていうのは地方のかたが多い」――。

そうか、それが言いたかったのか。やっとマクラと本編がピタッとくっついた感じがした。

昔の寄席で圓生が「こちらへ来て金を残そうなんていうのは……」の一言を言った時、客席はドッと笑ったことだろう。消費のセンスには長けていても蓄財のセンスには乏しい江戸っ子的気質を幸か不幸か受け継いでしまった東京人の中には、野心と活力あふれる地方出の成功者たちに対して、複雑微妙な感情を持っていた人もいると思う。自分より何かが濃く強い人たちに圧迫されているような、反感と言ってもいいような感情……。

落語は江戸・東京のローカル芸能として発達したものだけに、落語の中で田舎の人が主役になることは少なく、たいていは笑わせ役として登場するのだった。けれど、この『鼠穴』では堂々の主役。しかも、都会で何とかして這いあがって行こうとする者の姿が、聴く者の共感を呼ぶかたちで描かれてゆく。江戸っ子だの東京人だのと偉そうにしている者も、思わず主役の田舎者の心に寄り添ってしまうのだ。

「こちらへ来て金を残そうなんていうのは……」の一言で、江戸っ子的気質をくすぐり、持ちあげ、笑わせて、田舎者の根性物語への間口を広くし、しっかり感情移入させてしまうのだ。圓生はそうやってバランスをとっていたのだ。

長いマクラの中で、圓生は江戸言葉、上方言葉を巧みに操っている。さらに本編では田舎言葉も。圓生としては三種の言葉の使い分け技術も見せたくて、ついマクラが長くなったのかもしれない。

『あくび指南』

退屈で退屈で……ならねえ

マンガ家の滝田ゆうさんは一九九〇年(平成二年)に五十八歳で亡くなった。還暦もまだだったのに。早すぎた。

私は大学時代に雑誌『ガロ』で滝田ゆうの連作マンガ『寺島町奇譚』と出会い、たちまちファンとなった。江戸の面影を残す戦前昭和の私娼街「玉の井」近辺を舞台に、少年時代の思い出が描かれてゆく。東京大空襲で失われることとなった幻の町を、マンガという形でみごとに再現したのだ。まちがいなく滝田ゆうの代表作だと思う。

『寺島町奇譚』もすばらしいのだが、もう一つ、滝田ゆうは滝田ゆうでなければできなかった貴重な作品を遺してくれた。古典落語三十八編をマンガ化した『滝田ゆう落語劇場』だ(文春文庫、のちにちくま文庫)。

フニャフニャとした独得の描線にしてもディテールへのこだわりかたにしても、落語の世界にピッタリだ。まだ落語はあんまり聴いていないという人には絶好のガイドブックになるし、よく聴いている人には落語をさらに深く楽しめる一冊になっている。強くおすすめします。

その中で私が特に好きなのが『あくび指南』。あまりに他愛ない噺のせいか、演る人はあんまりいないのではないか？　私はＣＤでしか聴いたことがない。でも、その他愛なさこそが『あくび指南』の最大の魅力だし、案外、こういう噺こそ落語の真髄を伝えるものなんじゃないか、「落語の中の落語」という気もしているのだ。

●ストーリーは単純。そして短め。お稽古事が好きな若者が、歌も踊りもパッとしないので、町内にできた「あくび指南所」に興味を示す。友人は「あくびなんてばかばかしい」と言うのだが、若者は「上品なもんで茶の湯から出たもんだ」と強引に友人を誘い、指南所へ。

●友人を隣室に待たせて稽古が始まる。あくびの先生は、舟遊びという設定で風流なあくびのお手本を示す。

「私のやる通り見ていてくださいよ。ここにキセルがありますからこれをもって。これは舟に乗っててあくびが出るという……。まず、所はって言うと首尾の松あたりですからな。船頭が向こうに居ますからな……。（けだるい口調になって）おい、船頭さん、舟を上手(うわて)へやっておくれよ。これから堀からあがって、一杯やって、夜は吉原(なか)に行って新造（キャリアの浅い遊女）でも買って遊ぼうか……。舟もいいが、一日乗ってると、退屈で退屈で……ファアアア……ならぬわい」

金の苦労も何もなく、遊蕩の限りを尽くして、もはや飽きぎみ。日がな一日、舟に揺られて無為を楽しむというすがれた遊びをしてみたものの、それも退屈――という男のあくび。何とも贅沢で、優雅で、高尚な（?）あくびなのだ。

●そんなあくび、根がガラッパチの若者に真似ができるはずはない。ひたすら俗っぽい方向へと脱線してしまう。失敗の連続。それを隣で聞いていた友人は思わず呟く。「さっきから待っている俺の身にもなってみろ。退屈で退屈で……ファアアア……ならねえ」。師匠はハッとして言う。「あ、お連れのほうが器用だ」――。

ザッとそんな噺です。あくびまでも稽古事にしてしまうような、もったいぶった人種（今の世にも健在）を皮肉っている噺と言えなくもない。

私はそんな皮肉さに笑いながらも、実はあくびの先生がお手本として描写した舟遊びの情景に妙にひかれる。

所は首尾の松あたり、というのが、まず、いい。隅田川の蔵前橋近く、江戸の頃なら白壁の蔵がズラッと並んだ所。吉原帰りの遊客が前夜の首尾を語り合う所だったことから首尾の松と呼ばれたとか。広重が描いた「浅草川首尾の松御厩河岸」も連想される。

そのあたりに昼間から舟をもやって、ゆらゆら揺れながら時間を過ごす男あり。日も少し西へ傾いてきた。耳にはかすかに町の音、波の音。目には大きな空、自分がふかすキセルの煙。

退屈まぎれに煙のゆくえを目で追ううちに、自分というものまで煙となって風景の中へと吸い込まれてゆくように感じられたりはしないか？　そんな中で、ふと湧き起こる深いあくび。ほとんど全身全霊といった感じで、大きく空気を吸い込み、大きく吐き出す。そんな時、人生は一つのあくびのようなものだなという思いが一瞬かすめたりはしないか？　それは淋しく空しい思いには違いないけれど、一面、どこか心安らぎ、快いものに感じられたりはしないか？

私はそんな感興をかきたてられて、『あくび指南』の舟遊びの情景が好きなのだ。聴いていて、いい気持になるのだ。私は舟遊びの男のように金持ちではないものの、どこか根本が浮世離れしているらしく、親近感を抱いてしまうのかもしれない。

『あくび指南』は他愛のない噺だけに演者の人間性がハッキリと出てしまうんじゃな

いだろうか。ストーリーやギャグに頼れないぶん、若い落語家にはこなしにくい噺かもしれない。滝田ゆうのマンガでは舟遊びの浮世離れ気分がよく、古今亭志ん生の落語では俗臭ふんぷんの若者のとんちんかんぶりが楽しい。

ああ、人生面白し、また愉快なり　『片棒』

金が大事だってことくらい重々承知している。わかりすぎるほどわかっている。だからこそ金には執着したくない。たとえ内心、執着しているにしてもそれを人には決してさとられたくない。自分の生活の範囲内で、なるたけスカッと気前よく生きたい。それが落語世界の住人たち（多くは貧乏人）の意地というものだ。気概というものだ。

だからこそケチは嫌われた。質素倹約は賞讃されても、人間より金のほうが大事のような、度を越したケチは笑い物にされた。貧乏人の口惜しまぎれかもしれないけれどね。今でこそケチとかケチんぼうといった言葉しか残っていないけれど、落語世界ではケチを意味するボキャブラリーは断然豊富だ。

三遊亭圓生の『一文惜しみ』という噺のマクラによると、「昔から、しみったれ、六日（むいか）知らず、吝嗇（りんしょく）、赤螺（あかにし）屋、ガリガリ亡者」などと言ったらしい。「しみったれ」は私は今でも愛用しているが、「六日知らず」と「赤螺屋」は知らなかった。

「六日知らず」というのは、一日、二日、三日……と指を折って数え、六日となると指を一本立てるのもイヤ、いったん握ったものは放さない——というところから来た言葉だという。「赤螺屋」も同様、赤螺（巻貝の一種）は殻を閉じていて開かないというので、財布の口をあけないケチんぼうを意味するようになったという。

「強欲は無欲に似たり」と申しまして
六代目三遊亭圓生『一文惜しみ』

今や、国をあげてまでポイントカードの類いを奨励している〝しみったれた〟世の中だ。やれ何ポイント溜まった、やれネットならいくら割安……と小銭の損得ばかり考えさせられるシステムになっているのだ。ケチに関するボキャブラリーが貧弱になるのも無理はない。

（余談ですが、圓生の『一文惜しみ』はマクラからして大変面白いのだけれど、結構長い噺で、しかも江戸の裁判システムについての説明をよく聞いていないとストーリー展開がわからなくなる。従って、よくも悪くも催眠効果があり、私はCDを聴いていて毎回途中で眠ってしまい、最後までたどりつくのに一週間かかってしまった。そ

うしてようやっと「なんて面白い噺なんだろう！」と感心したのだった）

さて、今回の本題は古今亭志ん朝の『片棒』、別名『あかにし屋』だ。こちらは比較的ポピュラーな噺。今でも他の演者の高座で聴くことができる。

この噺の軸になっているのは、ケチに徹して財を成した大旦那、赤螺屋吝兵衛（けちべえ）。今やただ一つの気がかりは、自分が死んだあと、たいせつな身代を誰に譲ったらいいのかということ。

吝兵衛には三人の息子がいる。吝兵衛は一案を思いつく。「もし自分が死んだら、どういう葬式（とむらい）をしてくれるか？」と、三人それぞれに聞いてみて、その答えしだいで決めようというのだ。

そこから先、息子たち、三者三様の葬式案が大いに笑わせる。

長男の金太郎は、成りあがり者の二代目でも、すでにしてお坊っちゃま気質というかセレブ意識の持ち主というか、あくまで格調高く贅を尽くした葬式を提案する（この贅沢さのディテールが聴きどころだ）。金の亡者である吝兵衛がすぐさま却下したのは言うまでもない。

次男の銀之助はコロッと変わって「べらんめえ」口調のお調子者（ここで注意したいのは、吝兵衛が「お前は商人（あきんど）のセガレですよ、何という口のきき方をするんだっ」

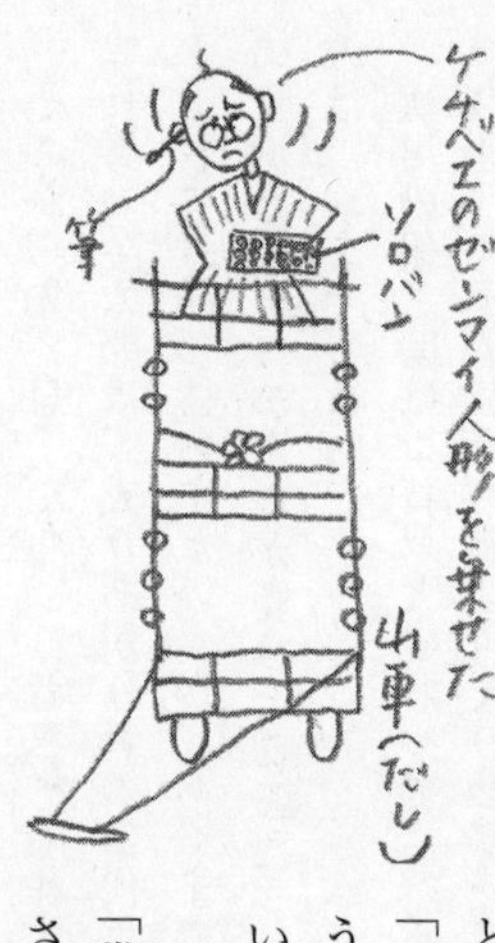

と叱るところです。今や江戸っ子イコール「べらんめえ」口調というのが世の常識のようになっているけれど、これは大きなまちがいですね)。

銀之助はやけに陽気で威勢がいい男で、「世間の人たちがアッと言ってあいた口がふさがらないような、とむらいの歴史に残るような、古今未曾有の、破天荒な、色っぽいとむらいを出そうと思ってね」うんぬんと、ペラペラペラとまくし立てる。

紅白の幕を張りめぐらし、頭たちの木遣に芸者衆の手古舞い姿が続き、おまけに山車が出る……という、完全にお祭り仕様。

この山車というのが傑作だ。「おとっつあん」そっくりの人形を人形屋に作ってもらって山車に乗せるというのだ。

「服装はって言うとね、縞のきものに角帯しめて、前掛け姿でもって、耳のところに筆をはさんでね、おとっつあんのことだからこっちの手にソロバンを持って、こうやってはじいているカタチだ。こうやって少し勘定が足りない、おかしいなっていうのを、ゼンマイ仕掛けで首をこう少し、こう……（曲げて動かす）」
以下、神田ばやしの名手を揃えて「テケテン、スケテンテン……」と町内へと繰り出してゆく、それに合わせて「おとっつあん」の人形がゼンマイ仕掛けでカタカタ動く様子を、志ん朝は実にリズミカルに、華やいで、演じる。（私は志ん朝傍系の古今亭菊六――現・古今亭文菊の高座で見たが）視覚的にも大変おかしい。ここがこの噺のハイライト。

弔辞も大いにフザケている。「ここに石町（こくちょう）三丁目、赤螺屋吝兵衛君……（略）平素勤倹を旨とし、粗食に甘んじ、ただただ預金高増加を唯一の娯楽となしおられしが、栄養不良の結果、病魔のおかすところとなり、あの世の客となられ、今また山車の人形となる。ああ、人生面白し、また愉快なり」なあんて言うのだ。

場内爆笑の渦。この噺の軸になっているのは吝兵衛だけれど、主役は完全にノーテンキな次男坊、銀之助ですね。

もちろん吝兵衛は怒り狂って却下。続いて登場するのは三男坊の鉄三郎。

こちらも上の二人とはコロッと違う。通夜は「仕方ないから」やるものの、出棺は朝早くコッソリやってしまう。その棺もお金がもったいないから菜漬けの樽にしたい。それをかつぐ人足を雇うと日当がかかる。片棒はあたくしがかつぐ……という程のケチケチぶり。

自分の死後、そこまで冷遇されたら普通は怒ったり嘆いたりするものだが、ケチも念入りな吝兵衛は違う。さすがわが息子、頼もしいとばかりに大喜び。「先棒はあたくしがかつぐとして、後棒を誰に頼もうかと困っていますが」と言う鉄三郎に、吝兵衛は「そうか、(樽の)片棒はおとっつあんがかついでやるよ」と言うのだ。これがサゲ(オチ)になっている。

論理だけが暴走して、もうこの世にはいないはずの自分が自分の遺骸をかつぐ――というシュールに矛盾したサゲは、『粗忽長屋』での死んだと思われていた長屋の熊さんが〝自分の死骸〟を抱きあげて、「抱かれているのは確かに俺だが、抱いている俺はいったい誰だろう」と呟くサゲを連想させる。

きっと赤螺屋のあととりは鉄三郎に決定したことだろう。めでたし、めでたし⁈

余計な注釈になるが、古くは三人の息子の名前は松太郎、竹次郎、梅三郎として演じられていたようだが、志ん朝は金太郎、銀之助、鉄(三郎?)として演じている。

それにしても……、この親子(父と鉄三郎)はまるでストイックな殉教者のようですね。金という神を一途(いちず)に信仰する殉教者。死んだらもうそれは「物」の世界であって、霊だの魂だのは信じない。世間体だの外聞だのも考えない、という割り切りぶりは日本人ばなれしたスゴイ合理主義者とも思える。ここまでドライさかげんも徹底していると、何だかすがすがしさすら感じてしまうなあ。「死」を題材にこれだけカラッと笑わせる噺も珍しいかもしれない。

『芝浜』

また夢ンなるといけねェや

見かけによらないと言われるのだけれど、私は下戸だ。お酒が呑めない。一滴も呑めないわけではなくて、少しは呑んで、「おいしいなあ」とか「これはそうでもないなあ」といった感想は持つのだけれど、たくさん呑みたいという気持はまったく湧かない。食後にはお酒ではなく、断然コーヒーのほうが欲しくなる。一丁前の大人じゃないようで肩身が狭い。でも、「先祖代々」は大げさだが、祖父も父も下戸だった。そういう体質なのだから仕方ない。

酒呑みの気持がよくわからないというのは、落語を聴くうえではちょっと損である。三道楽煩悩（さんどうらぼんのう）と言って、①（酒を）呑む、②（バクチを）打つ、③（女を）買う——は落語の中心的モチーフだからだ。

『芝浜』は酒呑みが主人公の代表的な噺であり、年末気分をバックに夫婦の情愛がこまやかに描かれるので、歌舞伎にもなっているほど人気がある。今さら説明の要はないかもしれないが、かいつまんでストーリーを追って行こう。以下、古今亭志ん朝バージョンで。

●主人公は棒手ふり（店はなく天秤をかついで商う）の魚屋、「魚熊」。彼は酒に溺れて仕事をさぼり、大事な得意先を次々と失っている。見かねた妻は夫に必死に懇願して、芝の魚市場に仕入れに行ってもらう。夫は時間をまちがえて早く出かけてしまったことに気づき、芝の浜でタバコを喫い、顔を洗う。その時、波打ちぎわで五十両もの大金入りの革財布をひろい、興奮して飛んで帰る。

●妻にその大金を見せて、夫は有頂天。妻が「ひろいものなのだから届け出なければ」と言うのも聞かず、前の晩の酒の呑み残しを呑んで寝込んでしまう。

●しばらくして妻は、何事もなかったかのように夫をゆり起こして「河岸へ仕入れに行ってくれ」と頼む。夫は何をバカなことを言ってるんだとばかり聞き流し、朝湯に行き、帰りに親しい仲間たちを連れ帰って、酒や仕出し料理でもてなす。もちろん財布を拾ったことは内緒にして。

●酔いつぶれて、ぐっすり眠り込んだ夫は、またしても妻に起こされる。妻は酒や料理の支払いはどうするつもりなのかと夫に詰め寄る。夫はイラ立つ。大金の入った革

財布をひろったことを知っていながら、妻はとぼけているのだ、と。
　最初はそう思って苦笑していた夫だが、妻にその日の行動をキチッキチッと説明され、あげくの果てに「お前さん、夢でも見たね」とか「夢だよッ、お前さんッ、ねェ、お酒ばかり呑んでいるからそういうこと、なっちゃうのっ、ええ？　頭がおかしくなっちゃったんだよ！」とか言われ、茫然となってしまう。「そいじゃあ何かァ？　おれが財布拾ったのァ夢で、呑んだのァ本当なのかい……割に合わねェ夢ェ見たなァ」。
　その日以来、夫は心を入れ替え、きっぱりと酒を断ち、商売に打ち込む。
●そして三年後の大みそか。もともと実力のある魚熊。苦労のかいあって今は借金などなく、ゆとりある暮らし向きになっている。
　夫の心がすっかり入れ替わっているのを確認した妻は、部屋の奥から革財布をとり出し、告白する。「あれを夢だといったのは嘘。お前さんはあの時本当にこの財布を拾ったんだよ」。そうして涙ながらに、嘘をついたことを詫びる。

　夫はしみじみと感じ入り、妻にこう言う。「お手をお上げなすって……」。そうして妻の言う通りにしてよかったのだ、よくだましてくれた、ありがとうと感謝する。告白した妻はホッとし、「お前さんにこのことを話したら、あとで一杯呑んでもらおうと思ってね、あたし、もう（酒を）買ってあるんだよ」と言う。夫はすっかりうれしくなる。酒をジーッと見て、匂いを深くかぎ、酒に向かって「もう生涯付き合わねェと思ったけれども、またしとつゥ、よろしく頼むぜ」と声をかける。折りしも除夜の鐘が鳴り始める。「ありがてェ、ありがてェ」と言っていた夫は、湯呑みを口のそばまで持って行ったのに、急に「よそう」と言う。妻は「どうしてさァッ？」と驚く。夫は言う。「また夢ンなるといけねェや」——。これがサゲ。

酒呑みがそんなにピタッと酒を断てるもんだろうか?!　という疑問も湧くが、それだけ革財布をひろったのは夢だったと言われた時のショックが大きかったと考えられる。自分はほんとうに酒で頭がおかしくなってしまったのかと、シリアスに恐怖したのだろう。

歌舞伎では、薄暗い長屋が、三年後には明るく小ざっぱりとした店になり、夫婦ともども身なりもよくなっているので、客席からはホッとしたような笑いが湧く。落語でも新しくタタミを替えたり、福茶を呑んだりという描写があり、新春を迎えるにあたっての清新な気分が演出されている。
そんな季節感たっぷりの後味も、『芝浜』という噺の人気を盛りあげているのだろう。

おくんねえ、おくんねえ

『御慶』

落語好きの間では「御慶（ぎょけい）」と言ったら「あけましておめでとう」という意味である。「御慶」と大きく書いた年賀状が来ると、つい、「同好の士」気分をくすぐられ、頬がゆるむ。

『御慶』は暮れも押し迫った二十八日の話である。

●貧乏長屋に住む八五郎は富クジに夢中。妻が着ている袢纏（はんてん）を無理に脱がせて質草にして、富クジを買おうとしている。

八五郎には自信がある。今度こそ富クジの一番に当たるはずだという自信が。なぜなら、「ハシゴのてっぺんに鶴が止まっている」という、まことにめでたい夢を見たからだ。「どうだい、こんな夢なんてェのは滅多に見る夢じゃァねえぞォ」。

というわけで、買いたいクジの番号も、もうシッカリ考えてある。「鶴は千年てェだろ？　なア、だからまず鶴の千っ、と書くよ。ねえ？　梯子だァ。（上から下へ指で）『は・し・ご』と。なあ。鶴のは・し・ご、いいかい？　八百四十五番、鶴の千八百四十五番てえの、おれァもらいてえんだ」

ところがあいにく鶴の千八百四十五番は売れてしまったばかり。ガッカリして歩いている所を易者に呼び止められ、夢判断の話をすると、易者はフフフと笑う。八五郎がそのわけを聞くと、易者は「梯子は上るものだから、上から下ではなく、下から上に行かなくてはおかしい。つまり（下から上へ指で）五、四、八と、五百四十八番。鶴の千五百四十八番を買うべきなのだ」という意味のことを言う。

八五郎は「なるほどー」と感心する。そうして鶴の千五百四十八番の札を買うのだが……。これが何とズバリ、一番の千両を当ててしまうのだ！　腰を抜かして驚く八五郎。

富クジの規則で来年の二月まで待てば千両そっくり頂戴できるのだけれど、たった今もらいたいとなると八百両になってしまうという。それでも八百両は大金。八五郎は「おくんねえ、おくんねえ、八百両でいいからおくんねえ」と言う。

現金八百両を一人で持って帰るのは重すぎるし、危険でもある。係の人は「いっぺんあなた、お宅イお帰りになりまして、町内の鳶頭（かしら）でも頼んで、景気よく、取りに参ったらいかがでございましょう」と言ってくれるのだが、八五郎は聞く耳持たず。

「そんなことしてる場合じゃァねえ（略）これから帰ってね、すぐに（カカアに）パアッと見せなくちゃいけねえン」

というわけで、八五郎は一人で八百両を運搬することになる。まず腹掛けの中に金包みをギッシリ入れて、そのうえさらに、股引を脱いで、その両端を結んで袋状にして、金包みをギッシリ入れ、首に掛けるのだった。係の人は「まことに妙ないでたちになりましたですな」と驚き呆れる。

全身金の塊と化した八五郎は、家にたどりつく頃は息もたえだえ。

八五郎が富クジで八百両をゲットしたと知り、妻は態度豹変。大いに喜ぶ。「お前さん、ええ？　あたしにさあ、あの、着物買ってくれるかい？」

「ああ、買ってやるよォ、着物なんざァ。なんでも好きな物買えェ。なあ！　ええ？　豪勢にワアッてやろうじゃねえかァ。十二単（ひとえ）でもなんでも着ろい！」

「あたしね、頭髷（あたま）のものも欲しいんだよ。この間、お君さんがさ、ねえ、珊瑚珠のさ、三分玉だろうねえ、こうやって挿しているんだよ、あれ、ああいうの、やっぱりあたしも欲しいよウ」

「なんだおめえ、三分玉なんてしみったれたこと言うない。一尺玉でもなんでもかまわねえから買って載っけろい！」――というやりとりが最高におかしい。貧乏人のハデ好み炸裂。

大金を手にした八五郎の夢も、まずファッションだった。毎年、旦那のお供で印袢纏を着て年始廻りをしているのだけれど、今度の正月は（お供ではなく）自分でもって年始廻りをしたい、裃（かみしも）をつけて脇差をさして白扇を手にするというフォーマルなかっこうで。

そういうかっこうには、それなりの言葉づかいをしなくちゃならない。何か、短くて重みもあるあいさつはないものかと大家に聞くと、大家は少し考えて「御慶」という言葉を教えてくれる。「他人（ひと）が必ずお前を見るってえと、『おめでとうございます』と言うに違いないから、そのときに、お前はちょいと反り身ンなって『御慶！』と、こう言うな？　うん。『まあ、お上がりください』と言われたらば『永日（えいじつ）ゥ！』と言って帰ってくりゃあいい」。永日というのは「いずれまた」という意味だという。

このあと、すっかりフォーマル・ファッションに身をかためた八五郎と長屋連中とのチグハグな会話になだれこんでゆくわけだが……。やっぱり前半のスラップスティツクな富クジ話のほうが面白い。

「恵方参り」というのがサゲになっているのが、今の時代にはピンと来ない。そのせいか、近年、演じる人が少ない噺になってしまっている。もったいない。

六 騒動勃発

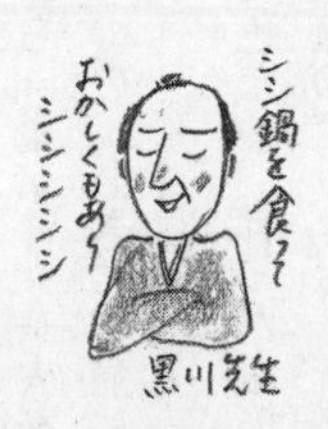
シシ鍋を食って
おかしくもあ〜
シシシシシシ
黒川先生

きりっとしてろォ、きりっとォ　『三方一両損』①

魔の季節がやって来た。花火大会だ。

二十年程前から月島に住んでいるので、ベランダから「東京湾大華火祭」がよく見える。最初のうちこそ友人をよんだりして観ていたものの、じきに苦痛になった。見物する人びとのユカタ姿を目にするのがイヤなのだ。

うだるような暑さの中、ピンクだのオレンジだの黄色だの、甘ったるいお子様カラーのユカタばっかり（私が独裁者だったら、こういう色のユカタは十五歳以上禁止にしたい）、ハヤリっぽく不規則にカットされた茶髪は結いあげられることなく、首筋やひたいに垂らされている。暑苦しい（どうあがいてもブスはブスなんだから、美人に見せようという不毛な邪心を起こさず、ひとさまのために、まず一番に清涼感を心がける――それがブスのたしなみというものだ。猛暑の中では暑苦しい美人より涼しげなブスのほうがポイント高いかもしれないし）。昔ながらの藍と白のユカタに固執する気はないけれど、とにかくサッパリと涼しげなのがいい。

とは言うものの、私は女には甘い。ファッションに関しては性差別主義者だ。実のところ女は何を着ようと構わない。ファッションにおける浮薄さは女の特権だとさえ思っている。すべて許そう。

問題は男だ。ホレボレするようなユカタ姿にはあんまりお目にかからない。

私が自分でも異常か?!　と思うくらい憎んでいる、男のヘアスタイルというのがある。茶髪、中長、うねりもん。ジャニーズ系の大半、そしてホストの（たぶん）九割は御愛用のあのヘアスタイルだ。

これがユカタ（に限らずキモノ）を着ると、どうにもシックリこない。そういうやつに限って首にチェーンやネックレスを垂らしている。ユカタの色・柄が派手好みなのは言うまでもない。こういうのがおやじになると、得意になってキナコ色やウグイス色のキモノを着る。やけに大きな玉や房がついた羽織ひもを好む。ふだんぽいキモノにも白足袋を履きたがる……。私は怒りに震えながら、心の中で叫ぶ。

「きりっとしてろォ、きりっとォ」――。

古今亭志ん朝バージョンの『三方一両損』に出て来るセリフだ。男のファッションに関しては、ほとんどこの一言に尽きるんじゃないかってくらい、私はこのセリフが気に入っている。

『三方一両損』は損得計算よりも「潔くてカッコいい自分」というイメージのほうを優先してしまう素敵に馬鹿な「江戸っ子気質」をマンガ化した噺だけれど、その中に、ファッションについて端的に語られている場面がある。

この噺の主役である左官の金太郎は、もう一人の主役である大工の吉五郎とケンカをして、長屋に帰って来る。その姿を見かけた大家はこう言うのだ。

「なァんだその恰好はァ。江戸っ子なんてェものァなあ、もっとおめえ、きちっとしてなくちゃいけねえ。ええ？ 頭髪ァきれいに結い上げてよ、えェ？ で、襟垢のつかねえ物を着て、履物だって新しい物履いてなくちゃいけねえ。きりっとしてろォ、い、い、い、い、い、きりっとォ。ん、おめえ、こうやって見るってェと、きょうはあんまり江戸っ子じゃアねえなあ。なア？ なんだその頭髷は？ えエ？ それァ（マゲの）刷毛先がこう散らかってんのァ威勢がいいけれども、鬢の毛がこう緩んじゃってるってえのァ、あんまり形のいいもんじゃアねェぞォ、ええ？ 第一着物はおめえ、前が、はだけちゃってェ、だらしのねえ恰好だ」

「粋」だの「いなせ」だのという言葉を持ち出さず、清潔・端正を強調しているところがいい。これ、べつだん江戸っ子に限った話ではなく、街っ子ファッションの基本（ファンダメンタル）というか標準（スタンダード）というか。よっぽど強い個性や趣味を持った男以外は、飾り立てたり、悪凝りしたりしないで、フツーのユカタ（キモノ）をフツーに着るのが一番だと思う。「フツーの」と言うのは、ユカタなら藍と白の伝統柄（すばらしくポップでモダンなデザインがたくさんあるのだ）のもの、キモノなら、こまかい紺がすりや地味目の縞のもの。はい、私の偏った好みに過ぎませんが。

この春（07年）公開された映画『しゃべれども　しゃべれども』は、国分太一主演の落語家青春物語で、ストーリー展開や演出には少しばかり疑問を感じたけれど、国分のキモノ姿は十分満足できるものだった。短髪に紺や茶の地味目のキモノ（昔のフツーのキモノ）に献上や縞の帯をキリッとしめて。男の子らしさが引き立っていた。街なかをゲタでカタカタ駆けて行く場面もとてもキュートだった。たぶん、落語だけでなく衣裳や所作についても柳家三三が監修にあたったおかげだろう。

こういう正統的なキモノ姿がちゃんと受け継がれているからこそ、SWA（＝創作話芸アソシエーション、昇太・白鳥・喬太郎など五人のユニット）のユニフォームのアディダス風（？）キモノも楽しいシャレになるのだ。

五分と五分、分けにしときな　『三方一両損』②

先日、ある雑誌の仕事で桂文珍さんと会った。言うまでもなく、関西出身の人だが今や全国的人気を誇る落語家である。東京の国立劇場で十日間もの連続公演をして盛況だったという。

「それでも東京と上方ではやっぱり違うな、というところはありますか」と聞くと、「そりゃあ違いますなあ。『三方一両損』なんて関西では考えられません。『三方一両得』じゃなくては納得しませんなあ」と笑ったので、私も「やっぱりねえ」と笑って肯いたものの、フッと微妙な、ほんとうに微妙な憤懣が湧いて来てしまった。それで、「私は『三方一両損』はすごく好きですけどね。私にとっては笑えて、しかも泣ける噺なんですけどね」と、ついつい余計なことを口走ってしまった。文珍さんは「えっ、泣ける噺⁈」とちょっと驚いた様子だった。

古今亭志ん朝さんが亡くなる四、五年前だったと思う。池袋の東京芸術劇場で『三方一両損』を聴いた。こまかくは覚えていないが、いい出来だったのだろう。私は大いに笑い、そして帰り道、自分でも驚くほど甘酸っぱい感傷に襲撃され、鼻水をすりあげながら歩いていた。泣かされた、のだ。

『三方一両損』はもともと講談の『大岡政談』――名奉行と伝説化された大岡越前守のお裁きの話――を滑稽に落語化したものだから、落語をあんまり聴かない人でも粗筋については何となく知っていることだろう。

念のため、落語版ではザッとこんなストーリーになっている。

●ある日、左官の金太郎が財布を拾う。中には持ち主の姓名や住所を書いた紙と、印形（ハンコ）と、現金三両が入っていた。金太郎は「この忙しいのに」とボヤキながらも、親切に落とし主の所に持って行ってやる。

●落とし主は大工の吉五郎。さぞかし感謝されるかと思ったら、吉五郎は「書付と印形はもらうが、金はいらねえ」と、ほとんどケンカごしで突き返すのだ。「いったん懐から飛び出したんだァ、二度と敷居をまたがせねェんだ。落っことした金を届けてもらって、ありがとうございます、なんてんでこいつをいただいてよ、大事にしまっておくなんて、そんなさもしい了簡はおれにゃァねえんだ、持ってけェ、こんちきしょう！」……なあんて、やけにイキがっているのだ。

●金太郎のほうも負けていない。「おれァいらねえ、そんな金はァ。そんな金もらうぐらいだったら最初（はな）っから届けねんだァ、ちきしょうめ！」と突っ返し、たちまち殴り合いのケンカに発展する。

●そこに互いの大家（こちらもケンカ好きというか公事（くじ）＝訴訟好きというか）が中に入り、南町奉行所へお裁きを願い出る。

●裁きにあたった大岡越前は金に執着しない金太郎と吉五郎の江戸っ子気質をほほえましく思い、三方一両損というアイディ

アで解決をはかる。つまり、①まず、問題の三両は越前が預かる。②その三両に越前が一両を提供して四両とする。③そのうえで金太郎と吉五郎に正直さへの褒美として二両ずつ分け与える。④つまり越前も金太郎も吉五郎も、一両ずつマイナスになる――という、三方丸くおさまる妙案なのだった。

とまあ、そんなハッピーエンドのお噺です。

江戸っ子は、特に左官や大工などの職人は「金は腕ン中に入っている」とばかり、

目先の金に執着することを嫌った。「江戸っ子は宵越しの銭は持たない」だの「江戸っ子の生まれ損い金を貯め」だのと言い習わすようにもなった。

金の苦労など知らない金持ちが言うのではない。苦労を知り抜いている貧乏人がそう言ってカッコつけているのである。イキがっているのである。だからこそ私に言わせれば、おかしく、また美しいのだ。

文珍さんは「なんでそんなカッコつけるのかわからない。金はいらねえと突き返し合う二人の気持は嘘くさくないですか？」と言っていた。確かに嘘くさいというか、江戸っ子気質をそうとう誇張している、そうとう戯画化していると私も思う（しかし、だからこそ落語なのだ）。後半のお裁きエピソードなぞ不自然すぎるとも強引すぎるとも思う。こんなコマカイもめごとにわざわざ大奉行が出てくるはずはないし、お裁きのあとに料理が提供されるなんて、実際にはまったくあり得ないことだと思う。

要するに絵空事、おとぎ話、夢物語なのだ。

その「嘘っぽさ」はわかっていながらも、私は『三方一両損』の世界に引き込まれてしまう。江戸の貧乏人たちの夢物語を愛さずにはいられない。

三両というのは今のお金にしたらいくらくらいになるのだろうか。決して小銭ではないはずだ。十万とか三十万くらいにはなるだろう。

それを「いらねえ」と突き返し合う二人。ばかばかしいと言えば、ばかばかしい。けれど、私にはそのばかばかしさが身にしみてわかるような気がするのだ。

金は欲しいけれど、つい、カッコつけてしまう。そんな自分を金太郎も吉五郎も百パーセント肯定しているわけではない。自分でもバカだなあと少しは思っている。実際、そんな性格で損をしているところも大いにあり、自己嫌悪的ルサンチマンも少しは抱えていたりするのだ。それは、お白洲で金太郎がこう言いながら途中から泣き出すことから察することができる。

「はばかりながらあっしァねえ、そんな三両ばかりの金をもらって、ねこばばするような、そんなさもしい了簡を持ってるんだったら、疾うの昔にこっちァねえ、立派な親方ンなってるんでェ……こっちゃ、生涯親方なんぞにはなりたくねえ、人間というものは、出世するような、そんな災難に遭いたくねえと思やこそ……あっしァ朝晩、神棚に手を……」

金を取り合うどころか譲り合って騒ぎになる噺は『井戸の茶碗』にも出てくる。こちらはサムライ同士の金の譲り合いだから、「江戸っ子」美学というのではなく「武士道」美学として描かれている。それでも意地っ張りのバカさかげんはどちらも同じだ。

私は金太郎と吉五郎をかばうような気持で文珍さんにこんなことを言っていた。

「もし一千万円とか一億円とか、自分の人生を左右するくらいの金額だったら、いくら何でも〝いらねえ〟とは言えないでしょう。でも、そういうレベルのお金じゃなくて、生活が、つかのま、ほんのちょっと変わるくらいのお金だったら、執着を見せずにスカッと暮らすほうが気分がいいのよ。心理的な損得勘定で言うなら、小金が与える現実的喜び以上の気分的快感があるわけなのよ。カネに縛られず、気前のいいオレ——みたいな。まあ、自己満足って言えば自己満足なんですけどね。カッコつけたがりの、意地っ張りの、バカなんですけどね。自分でもバカだなあと思わなくもないんだけれど、どうしようもないのよ。不条理な感情なんですよ……」

などと、つい力説してしまったのには、そして池袋の東京芸術劇場での志ん朝の高座の帰り道に涙ぐんでしまったのには、ちょっとした理由があった。志ん朝さんの高座に接した当時、私もある事情から左官の金太郎や大工の吉五郎と似たようなバカさかげんに悩んでいたからだ。多くの人が名誉とか得とか思えることが、私には何だかひたすら恥ずかしく、受け容れることができなかった。自分でも大人気（おとなげ）ないなあと情けなかった。それで『三方一両損』はやけに身にしみてしまったのだった。

さて。『三方一両損』はストーリー自体よりも、むしろ江戸っ子気質にまつわるディテールが実におかしく、愉しい噺である。

金太郎と吉五郎の出会いの場面からして面白い。拾った財布を吉五郎宅（長屋だが）に届けに来た金太郎は、障子の穴から中をのぞき見る。中では吉五郎がイワシの塩焼きで酒を呑もうとしている。そこで金太郎はいきなり大声で中に向かってこう言うのだ。

「よしな、よしない！　そんなおめえ、しつこい物で酒なんぞくらうんじゃねえよォ！　もっとアッサリした物でやれい！　アッサリした物で！」

あいさつも何も抜きに、二人はそんなふうにして顔を合わすのだ。二人とも威勢よく、ケンカッ早く、セッカチな男。ポンポン言い合う悪態で大いに笑わせる。ケンカしながらも、妙に息が合ってしまっている二人。吉五郎が、仲裁に入った大家相手に悪態をつくと、金太郎は「敵ながらアッパレ」風にホレボレしたりして。

この『三方一両損』には江戸っ子的ケンカ美学のようなものも語られている。

二人のケンカを見て、吉五郎の大家はこう言う。

「髪の毛つかんで引っ張り合いンなったよ。あァ、これゃ、いけねェや、あんまりいいケンカじゃねェ」。江戸の人にとってマゲがどんなに大事だったかがよくわかる。ファッション的にもプライド的にも（志ん朝の他の口演では、マゲまでつかむのは「女のケンカだ」と言っている）。暗黙のうちにルールのあるケンカなら、決して悪いものではないんじゃないか？

「いいから、よしなってんだ。勝負を付けることァないよ。え？　五分と五分、分けにしときな」と言うのもいい。両者の面目を立てるのには単純明快な「分け」という言葉。こんなコナレた言葉が死語になってしまったのは勿体ない。

終盤に登場の大岡越前は、江戸も今も変わらず、庶民にとっての理想のお役人イメージだろう。

お白洲なんていうフォーマルな場での行儀も口のきき方も知らないけれど、気持のサッパリした職人二人を、越前は好もしくほほえましく感じる。威儀を正しながらも下情に通じた柔軟性もあわせ持った人物。その感じをどう出せるかも演者の腕の見せどころだ。

とにかく！　カネ、カネ、カネの世の中。ポイントカードだの割引サービスだの小銭に目の色変える平成のオリコウ者たち……。落語の世界にだけでも、その逆を行ってイイ気になっている馬鹿野郎がいてくれるのは、ありがたいことじゃあないですか？

三尊の弥陀は、目の下にあり　『こんにゃく問答』

宗教心はまったく薄い人間なのだが、近頃少しばかり禅に興味を持つようになった。一番のきっかけは小津映画かもしれない。私はなぜ小津映画に惹かれるのかを考えているうちに禅にたどりついたのだ（宣伝になりますが詳しくは『小津ごのみ』〈ちくま文庫〉を読んでみてください）。

禅と言っても、私のは信仰的興味ではない。禅と日本文化の関係に対する興味だ。日本的感受性や美意識のみなもととしての禅——。鈴木大拙と柳田聖山の、ともに『禅と日本文化』と題された本には、スーッと霧が晴れたように日本的な心の風景が見えて、わくわくさせられたのだ。

私の禅に対する興味は信仰的なものではなく文化論的なものにすぎない。とは言え、少しは宗教としての禅について知らないとマズイかな、という気持もあって、旧友の呉智英に聞いてみた。何しろ肩書が「思想家」という人ですからねえ。「禅について知りたいんだけれど、何から読んだらいい？」

呉智英が言うには、「まあ、入門書としては『無門関』かな。これは公案を集めたもので、一つ一つが短いから読みやすい。『碧巌録』というのもすすめたいところだけれど、中野さんにはどうかなあ。難しいかもなあ。長いしなあ」。

私はその言葉をさえぎって言った。「いい、いい、そのムモンカンってやつで。ザッとでいいの、ザッとで！」

で、すぐに読んでみたわけですよ、『無門関』。最初のうちはグッと我慢して読んでいたものの、半分くらい読み進んだところで、ついにキレた。全然わからん。ちんぷんかんぷん。煙に巻かれているような、一杯くわされているような。ほんとうに、これ、深ーいこと言ってるの？　テキトーなこと言ってるだけなんじゃないの？　落語の『こんにゃく問答』みたいにさっ！

――という怒りを呉智英にぶつけると、「そうだよ、『こんにゃく問答』だよ。それが禅なんだからしかたないじゃないか」と勝ち誇ったかのように笑う。シャクにさわる。

「こんにゃく問答」という言葉は昔は結構よく使われていた。私が子どもの頃には、徳川夢声と柳家金語楼の『こんにゃく問答』というテレビ番組（対談）もあったしね。

近頃は死語のごとくなったが、『広辞苑』にはちゃんと出ている。「蒟蒻問答――（旅僧のしかけた禅問答を住職に化けたこんにゃく屋の主人が受け、相互の誤解に基づいて滑稽なやりとりをする落語の題名から）話のかみ合わない会話。とんちんかんな問答」と。

もう少し詳しく説明するなら、落語『こんにゃく問答』の舞台は安中（あんなか）（群馬県）の、荒れた禅寺。そこに永平寺の諸国行脚の僧がやってきて問答を申し込む。ちょっとしたわけがあって、寺の前のこんにゃく屋の六兵衛が大和尚に化けて問答の相手をする。何を言っても黙っている六兵衛を見て、僧は勝手に「禅家荒行のうち、無言の行！」と思い込む。

さて、ここから先は文章で説明するのは大変だ。言葉ではなく手のアクションで問答するのだもの。それは次のように展開する。

①僧は親指と人差し指で小さな丸を作り、六兵衛の目前に差し出す。それに答えて六兵衛は両手で大きな丸を描く。

②僧はハッと畏れ入り、両手をパッと開いて差し出す。それに答えて六兵衛は片手を開いて差し出す。

③僧は三本の指を差し出す。それに答えて六兵衛は鼻で笑ってアカンベエをする。

ついに僧はマイッタとばかり退散。他の者がそのわけを聞くと、「大和尚のお胸のうちはと問えば、大海のごとしとのお答え（①）。十方世界はと問えば、五戒で保つ（②）。三尊の弥陀はと問えば、目の下にありとのお答え（③）。手前ごときの及ぶところでございません」。

いっぽう六兵衛に聞いてみると、「奴は俺がこんにゃく屋と知ってやがる。お前さんとこのこんにゃくはこれっぱかりとケチをつけたから、シャクにさわるよ、こんなに大きいんだと言ってやった（①）。十丁いくらだというから、五百だと言った（②）。しみったれた野郎だ、三百にマケろって言ったから、アカンベエをした（③）」。

お互いに全然違う話をしているのに表面的には妙に合っている。徹底して即物的で形而下的な六兵衛の発言（手のアクションだが）を、僧はすべて高尚な形而上的な発言と受けとめて、勝手に感服しているのだ。

こういうパターン、実は世間にはザラにありますね。『こんにゃく問答』のおかしみは、インテリのだまされやすさを笑っているところにもあると思う。

そうそう。自慢ですが、私は古今亭志ん朝としては珍しい『こんにゃく問答』を名古屋の大須演芸場で聴いている。志ん朝さんは「空間」を感じさせるのが巧く、片田舎の禅寺の薄くらがりが目に浮ぶようだった。

酢豆腐は一口に限る

『酢豆腐』


この春、ついに八代目・桂文楽のＤＶＤボックス（八枚組）が発売された。

「文楽・志ん生」とも「志ん生・文楽」とも並び称され、戦後昭和の落語全盛時代を築いた人なのに、没後は志ん生ばかりもてはやされているのが私にはどうにも納得がいかなかったのだ。

もちろん私は志ん生も大好きなのだが、志ん生の無造作で奔放な芸を讃美するために、志ん生とは対照的に端正で技巧的な文楽の芸は不当なまでに軽視されてきたような気がしてならないのだ。

ある時期から、笑いの世界では「ナンセンス」「シュール」「不条理」といった感覚のものがもてはやされるようになった。志ん生は破天荒な実生活も含めて、そういう時代の流れにマッチしたのだ。

でも、でも、文楽もいいんですよねえ。キッチリした芸風というので誤解されがちだけれど、案外、ナンセンスで素頓狂なおかしみがある。志ん生は長屋住まいの貧乏夫婦ものが特にいいけれど、文楽は軟派な若旦那や幇間の噺がすばらしい。

　レパートリーが多かった志ん生とは対照的に文楽は噺の数が少ない。志ん生とは違う形で不器用だったのだろう。一つ一つの噺を何年もかけて自分のものに仕立てあげて行った。ＣＤやＤＶＤになっている噺は約三十ほど。そのどれもが絶品だ。落語家を志す人のお手本にしていいものになっている。今回のＤＶＤボックス発売がきっかけになって文楽再評価の気運が盛りあがってくれたらなあ、と私は期待しているのです。

　そんなに言うなら文楽を聴いてみたいという人には、これからの季節、まず『酢豆腐』をおすすめしたい。関西では『ちりとてちん』として知られる噺と同様のもの。

●夏のある日のこと。町内の若い衆が集まってイッパイやろうという相談をしている。問題はいかに金をかけずに酒のサカナを調達するかということだ。とんちんかんなアイディアが噴出する中で、ちょっとばかり頭のいい奴が目の前を通りがかった「半公」をつかまえて、念入りにおだてて小銭をせしめる。「半公」が女に弱いところにつけ込んだのだ。「色男！　罪作り！　女殺し！　色魔！」とまで言って。

この前半部分の、若い衆の古風にこなれた会話の愉しさといったらない。

●次に通りがかったのが「横町の変物（へんぶつ）（変わり者）」。金持の若旦那だが、キザなので若い衆には敬遠されている。この若旦那を、やっぱりちょっと頭のいい奴がだましにかかる。

馬鹿な与太郎が釜の中に入れておいて黄色く腐らせてしまった豆腐を「わきからもらったものだけれど、何だかわからない、あっしの考えではことによっちゃあ舶来物なんじゃないかと。あなたなんざァご通家だから、ひと目見てこいつァどういうふうにして食うもんだてえやつが、すぐわかっていただけるだろう」と言って若旦那にすすめるのだ。

さあ、ここからがハイライト。若旦那は得意になって、すすめられたものを手に取るが、いきなりプーンとくる異臭にビックリ。目を白黒。若い衆は盛りあがり、何としても若旦那に食べさせようとする。若旦那は苦悶しつつもグルメとして頑張る。

「きみがたよくおぼえといで、この匙（しゃじ）にかからんところ、これが値打ちだね……鼻へツーンとくるね、ここです味わうのは、目にピリッとくる、この目ピリなるものが……いや、どうも、オツだね」などと言い、ついに一口、飲み込み、激しく扇子であおぐ。若い衆、どよめく。

「これ、いったい何てえもんなんです?」と聞く若い衆に若旦那は答える。
「まず拙の考えでは酢豆腐でしょう」。そして、なおもすすめる若い衆に若旦那は苦しまぎれにグルメの意地をかけて言う。「いや、酢豆腐は一口に限る」――。

若旦那のセリフが、いちいちおかしい。開口一番、「おや今日(こんつ)は」だ。「お邪魔になると悪(あ)しうがすから」、「ちょっと一服(いっぷく)」、「言うことがすがれてるね、夏の夜は短いねえなぞは、さすが新(スン)ちゃん」、「初会惚(しょかぼ)のべたぼ」、「勿論(もちりん)でげす」……など、一度聞いたら頭の中に深く刻み込まれる。そして、時どきフッと思い出し、ばかばかしく愉しい気分が蘇える。風変わりな、ファンキーな、音楽の一節のように。

そして、私はつくづくと思う。ああ、日本語ってなんと面白く豊かなものなんだろう、と。日本語の魅力を最も痛感させてくれるのは、やっぱり文楽だなあ。

私たちが今、CDやDVDで聴ける文楽落語は、六十代以降のものだ。おそるべき見巧者の色川武大さんによると「桂文楽について私は尊敬する故に、ぜひ記しておきたい。文楽が入れ歯を入れる以前の芸を、今の若い人に観せたかった。昭和三十六年以前の芸である。この前七、八年間の桂文楽が最上の、すなわち本物の文楽であり、入れ歯以後の口跡によるものは、いたしかたないとはいえ、正真の文楽とは認めがたい」(『色川武大・阿佐田哲也エッセイズ2 芸能』ちくま文庫)ということになるのだけれど……「入れ歯以後」だって十分、スゴイ。

火の用心、さっしゃりやしょう

『二番煎じ』

NHKの『ブラタモリ』という番組を好んで見ている。一種の散歩番組というか町歩き的番組なのだが、タモリのマニア的性格がいい感じで生かされている。

アシスタント役の久保田祐佳アナウンサーも愛らしく聡明だ。「出すぎず、退きすぎず」という程のよさに毎回感心させられる（つい一言多くなるが、夏なぞヒラヒラのブラウスにピチピチのパンツ――という「かわいいネエちゃん」風ファッションをあてがわれているのが気の毒だ。決して彼女の好みではないだろう）。

東大周辺の炭団(たどん)坂を歩いている場面だったと思うが、その久保田アナがタドンについてまったく知らなかったのにはビックリした。そうか、彼女をもってしても見たことも聞いたこともないのか。そりゃあそうかもしれないなあ。まだ若いのだもの。知っているほうがオカシイくらいのものかもしれない。私だっておぼろげにしかおぼえていない。タドンという言葉は知っていても現物を見た記憶はかすかにしかないのだいだ。

　昭和の暖房関連グッズは今やほとんど絶滅した。骨董市などでたまに見かけるくらい

　十数年前、私はふとした気まぐれから骨董屋で長火鉢を買った。それですぐに五徳が必要になったのだけれど、売っている店を探すのに苦労した。もちろん十能や灰ならしも。炭や薪にまつわる道具のあれこれは、(たぶん)昭和四十年代に激しく衰退して行ったのだ(最近、七輪と練炭は思いがけない形でスポットライトが当たったけれど)。

　私の子ども時代(昭和三十年代)は炭火の掘りゴタツだった。それが電気ゴタツに変わったのは三十年代の後半だったのでは? 火鉢が石油ストーブや電気ストーブに取って代わられ、薪で焚いていたお風呂がガスになったのもその頃だったのでは?

　そう考えると、昭和三十年代の初めの頃までの冬の生活は戦前からの地続きだったことに気づかされる。炭火や薪で暖を取る生活。それはさらに大正、明治、そして江戸とも、ゆっくりとつながっているのだ。

　確かに私の子ども時代の冬は寒かった。湯たんぽなしで、冷たく重いフトンに入る時はイヤな気分だった。手にシモヤケやアカギレを作っている子がクラスに何人もい

た。下着は内側が起毛された厚ぼったいもので、着ぶくれるのが憂鬱だった。

昭和三十年代でもそうだったのだもの。江戸の冬の暮らしはさぞ厳しいものだったろう。話はそれるけれど、映画やテレビドラマなどで、冬なのに障子を大きく開け放っている場面をよく見かける。見た目にはすがすがしいが、よく寒くないなあ、昔の人はよっぽど寒さに強かったのかなあ……と、寒がりの私は気になってたまらないのだ。

なあんて、前置きが長くなってしまった。今回は江戸の寒さが重要なポイントとなっている噺──『二番煎じ』について書きたい。

落語の中には季節感たっぷりの噺がいくつもあって、ちょいと気のきいた落語家だったら季節はずれの噺は絶対に避けて演じるわけだが……冬の噺のナンバーワンと言ったら、断然『二番煎じ』でしょう。ほとんど季節感がイノチみたいな噺なのだもの、私はあえて他の季節にはこの噺のＣＤは聴かず、わざわざ冬の到来を待って聴くようにしている。

『二番煎じ』という噺は……と書いて、フッと不安になる。今の人たちは「火の用心」の夜まわりというのを知っているのだろうか。冬の夜、拍子木をカチカチと鳴らしながら「火の用心」と注意を呼びかけて町内を回るという風習が、その昔、あった。

私も子どもの頃にそんな声を聞いた記憶がある（昨年の大みそか、月島だか佃だかの町内会の人たちが「火の用心」の夜回りをしているのを偶然、目撃した）。

とにかく、江戸は「火事早い」所なので、自分たちの財産は自分たちで守ろうと、町内の旦那衆が二組交代で「火の用心」の夜まわりに出る――というのが『二番煎じ』の発端で、全体的に見ると三部構成になっている。

●「一の組」になって夜まわりに出たメンバーは、「月番さん」、「伊勢屋の旦那」、「謡曲の黒川先生」、若い頃は吉原のカシラの所にいたこともあるという威勢のいい「辰つぁん」、彼らより下っぱらしい「惣助さん」の五人。それぞれ拍子木、金棒、鳴子を鳴らしながら町内を回るわけだが、金棒なぞ冷えきって氷のよう。みんな手を袖の中に引っこめているからいい音が出るわけがない。

さて、肝心の「火の用心」だが、「惣助さん」は何の芸もない物売り口調だわ、「黒川先生」は格調高すぎる謡曲調だわ、「伊勢屋さん」は色っぽすぎる清元調だわ……で、どうしようもない。呆れ返った「辰つぁん」は吉原で知った本格的な「火の用心、さっしゃりやしょう」を自慢気に披露してみせる……。

この、それぞれの「火の用心」の呼びかけ方が大きな笑わせどころだ。特に志ん朝バージョンは圧倒的。「伊勢屋さん」の自己陶酔的な清元（最後のフレーズを色気たっぷりに裏返った声で演じる）が最高におかしい。

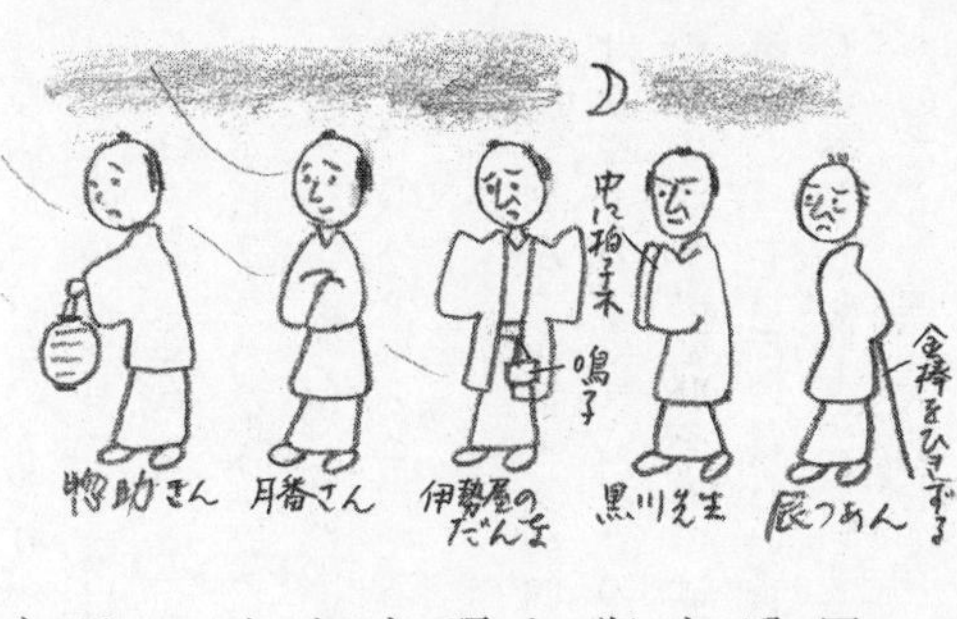

●そんな珍道中（?）のあと、「二の組」と交代するため一同は番小屋に戻る。さて、ここからが何とも愉しい。一同の中にひそかに酒や肉（イノシシの肉、刻んだネギ、味噌）を持って来た者がいて、ささやかな酒宴が始まるのだ。もちろん大っぴらにお酒を呑むわけにはいかないので、土瓶に入れて煎じ薬という見立てで、呑むのだ。外は木枯し。戸を閉め切った番小屋の中では肉がコトコト煮える音。硬く冷えきった体もやがてほどけたようになる。思いがけない親密気分。和気あいあい。調子に乗って「次は寄せ鍋か何かで」などと言う者あり。「都々逸の回しっこ」を始める者あり。

その愉しさ、何だかすごくわかるような気がする。外がひどく寒いだけに、貧相な小屋でも火の気（と酒食）を中心に肩を寄せ合うようにして和む、その、妙に人恋しいような愉しさ。このくだりがこの噺の一番の味わいどころだ。

志ん朝バージョンでは自称・ネギ好きの伊勢屋の旦那が「（あたくしは）よく煮えたトロッときてるね、こ、こういうやつがいいんです」と言っていたのが、急にグッと息が詰まったようになって、こう言うのだ。「だからあたしゃ嫌だってン、ええッ！（よく煮えてないのを）無理に嚙むと芯の熱いのがピュウッと飛び出してきた……、喉へトーンと当たるン」。わかりますねえ、その感じ。「あるある」的におかしい。

「辰つぁん」が都々逸の回しっこを始め、「ええーエ、さわぐカラスにィ、石投げつけりゃーあ、それてお寺のォォ鐘がなるゥゥゥ」と歌うと、他の人が「ようようようよう」と声をひそめてはやすところも何とも言えずおかしい。

●というわけで、貧しい番小屋の中に愉悦の小宇宙ができあがっていたのだが、それも「番！」「番！」という声で一気に崩壊する。夜まわりの役人が番小屋を訪ねて来たのだ。一同、大あわて。土瓶や湯呑みを片付けたり、鍋の上に座ってかくしたり。

そんな騒ぎも空しく、役人は土瓶も鍋も見逃さなかった。一同は困って、「風邪を引くといけないから……薬を煎じておりました」と答える。役人は知ってか知らずにか（いや、シッカリ知っているのだ）、「ちょうどよい、拙者も両三日前より風邪を引いておる。拙者に一杯もらいたい」と言う。

一同、震えあがる。「月番のあたしがね、万事責めを負いますよ、湯呑みに一杯お注ぎなさい。心配するこたァありません。こう見えてもあたしは江戸っ子だよ」とまで言って、湯呑みを差し出すと、役人はニンマリ笑いながら、こう言う。「よい煎じ薬じゃ。ウーッ、いま一杯もらいたい」

一同、ホーッと安心する、これで役人も同罪だと。

役人はよっぽど酒好きらしく、さらに「煎じ薬」を所望する。一同は、みんな呑まれちゃたまらないと「おそれ入りますが煎じ薬が切れました」と言う。役人は動じることなく、こう言う。

「しからば拙者、いま一廻りしてまいる、その間に、二番を煎じておけ」――。

酷寒の江戸の闇夜、そしてホコホコと和気の充ちた番小屋――その季節感と親密感が何よりもの魅力だけれど、終盤の町人と役人（下級武士ということになるのだろう）とのやりとりも、なかなか興味深い。明らかにこの役人はトボケている。町人のルール違反を見て見ぬフリをし、さらにチャッカリ便乗までしている。

けれど、そのおかげで町人たちは助かった。難を逃れた。よく言えば「物わかりのいいお役人」「コナレたお侍」ということになるのだ。「民」と「官」の間にはこういうフレキシブルな、いいかげんな、グレー・ゾーンみたいなものがあっていい。何しろ生きた人間同士なのだから。

でも、この役人、すっかり味をしめて、たびたび番小屋に来て酒食をせびるようになったら……という心配もある。

一度だけなら役人の「イキなはからい」って言えるけれど、常習的になったらヤボだよね。

「民」と「官」との程のよい距離感を持てるかどうか。このあたりのかねあいの難しさは昔も今も変わらない。

未練たらしく「二番を煎じておけ」なあんて言ったところからすると、この役人はどうも後者のヤボテンのように思える。「火の用心」一同の密かな愉しみがやがて失われることになるかと思うと、ちょっとシャクだ。

あたぼうだあ

『大工調べ』

小学生の時のこと。隣りのクラスにターボーと呼ばれている不思議な少年がいた。半ズボンの太ももがムッチリした肥満ぎみの、坊主頭の子。目がトロッとして、口もとは半開き。明らかに知的障害のある子で、同じ学年でもほんとうは少し年上なのだという噂があった。

同じクラスではなかったのでよく知らないけれど、本名のT君ではなくてターボーと呼ばれていたところからして、クラスのみんなから独得の形で愛されていたのだと思う。少くともイジメられているという話は聞いたことがない。

いつも紐がほどけたような顔をしているターボーが、時どき笑ったり、怒ったり、泣いたりしているのを目撃すると、私は何となく意外な感じがした。「あれ、私たちと同じところもあるんだ」と。どこからどこまで他の普通の子たちと変わらないのか、共有するところがあるのか、よくわからないのだった。

ターボーは勉強も運動も遊びもダメなのだけれど、唯一つ木琴だけはすばらしくうまいという噂だった。私はそれをまぢかに見たことがあった。

休み時間だったか放課後だったか、友だちと音楽室で遊んでいたら、ターボーがフッと入ってきて、木琴を演奏し始めたのだ。何の曲だったか忘れたけれど、噂にたがわず、すばらしく巧かった。スティックの持ち方にしてもトレモロの入れ方にしても堂に入っていた。それまで見たこともないシッカリとした顔つきだった。弾き終わったあっけにとられている私たちなど全然目に入っていない様子だった。

ターボーはまたフッといつもの顔に戻り、フッと部屋を出て行った。

以来、私の心の中でターボーは、いっぷう変わった、謎めいた「スター」のようになっていたのだけれど、中学校に入った時、ターボーはどこのクラスにもいなかった。きっとターボーと同じような子たちがいる学校へ行ったのだろう、とウッスラと察した。

落語の常連キャラクターに与太郎というのがいる。ちょっと頭が弱いのでちょっとした騒動を巻き起こすものの、凶暴なところはまるでなく、無邪気で大らかな性格なので、長屋連中は「困ったもんだ」と苦笑しながらも面倒をみている。何かと話題を提供して笑わせてくれるところ、一種の「華」があり、長屋一番の人気者と言ってもいいくらいだ。

『錦の袈裟』のように主役で登場することもあるけれど、多くの場合、準主役あるいはアクセント的な脇役として顔を出す。私はどちらかと言うと、『酢豆腐』とか『佃祭』のようにチョロッと出てくる噺のほうが好きだ。そのほうが、何だか与太郎の愚かさの魅力がキラリと光って、引き立つように思う。

でも、例外は『大工調べ』ですね。特に古今亭志ん朝の『大工調べ』。与太郎が主役（あるいは準主役？）なのに、全編ゆるぎなく与太郎の魅力が横溢している。『大工調べ』のおもな登場人物は三人。大工の若い棟梁・政五郎と、その下で働く与太郎と、与太郎の家主の源六だ。与太郎のドジがもとで棟梁と家主がケンカになる。その間でかんじんの与太郎はただもうオロオロとするばかり——という構図だ。全編これ、ほとんどケンカ（悪態合戦）という単純明快な噺です。

騒動の中心にいる与太郎はウスノロだけれど、ただのウスノロではない。志ん朝バージョンではマクラで「（職人の中には）普段どうにもしょうがないというような愚かな人間が、いざ仕事ンなるてえと、普段のばかが利口ンなって、ほかの者にはとても考えもつかないような工夫をするとか、ね、ほかの者じゃあできないような仕事をするなんてえことがあったそうですな」と振っているのだけれど、『大工調べ』の与太郎はまさにこのタイプなのだった。

そういう人は絶対にいる。私は木琴を演奏していた時のターボーを思い出さずにはいられない。それから「裸の大将」山下清画伯もね。

さて。『大工調べ』は有名な噺ではあるけれど、ザッとストーリーを追っておこう。
●与太郎が仕事に出て来ないので棟梁が文句を言いに与太郎の家にいくと、与太郎は道具箱を持って行かれたので働けないと言う。思いっきりたどたどしく脱線ぎみの説明（ここが、まず最初の笑いどころだ）の後、やっと真相がわかる。家賃を一両と八百文ためてしまった、そのカタとして家主に道具箱を持って行かれたというのだ。
棟梁は舌打ちしながらも持ち合わせていた一両を与太郎に渡し、これで道具箱を返してもらって来いと言う。

与太郎が八百文足りないと言うと、棟梁は「八百ばかり御の字だよォ。ええ？　あたぼうだてんだよ」「本当だったらなァ、商売物持ってってたんだよォ？　言いずくによりゃあタダでも取れるんだ」「一両と八百ンところ、八百持ってってぐずぐず言うんじゃねえぞ。なァ！　一両持ってくんじゃねえか。あとはたかが八百だ。ええ？　あたぼうだろう」と言い返す。

「あたり前だ、べらぼうめ」を縮めて「あたぼう」。与太郎は「あたぼう」という言葉を知って大喜び。一両を手に家主の家へ——。

●ところがこの家主というのが「八町四方隠れのねえ因業大家」。与太郎が持ってきた金が八百文足りないうえに、「あたぼう」なんぞという言葉をエラソーに振り回されて激怒。与太郎は怖れおののいて退散する。

●その話を聞いた棟梁は仕方なく、代わりに家主との交渉に行く。最初は下手に出ていたものの、ついウッカリ「たかが八百ばかりァ（与太郎は）すぐに稼ぎ出しますんでね」とか「あとですぐにね、うちの奴にお宅に八百、放り込ませますから」と言ってしまったために、家主の怒りを買ってしまう。なにしろ無一文から這いあがって家主にまで成りあがった爺さんだ。金への執着は人一倍。「地べた掘ったたって、八百の銭が出てくるわけじゃねえんだい」と凄い剣幕。

●棟梁は何を言われてもジーッと我慢をして、言葉を尽くし、頭までさげたのだが、それでも家主はいっこうに納得してくれない。棟梁、ついにキレる。「何をぬかしゃアがンでエ、べらぼうめェ！」。いったんキレたら、もう止まらない。立て板に水のごとく悪態を並べ立てる。

「てめえなんぞァな、目も鼻もねえ、血も涙もねえ、のっぺらぼうな

野郎だから丸太ン棒ッてんだィ！　わかったかィ、この金隠し」「四角くて汚えから金隠しってんだ」うんぬんと（ここが最大の、わくわくする聴きどころ）。

●その間、与太郎はオロオロするばかり。棟梁に「（お前も）なんか言えェ、毒づけってんだィ」と言われ、懸命に棟梁の口マネをしようとするが、ことごとく失敗。ケンカ腰になり切れず、何だかフワーッとノドカな妙な悪態になってしまうのだ（こちらも与太郎の愛らしさたっぷりで大いに笑わせる）。

●というわけで交渉は完全に決裂。棟梁はお奉行様に訴訟の願書を出す。幸い、奉行は世情に通じた人で、ちょっとした策略をめぐらし、棟梁・与太郎サイドに有利なお裁きをくだす――というハッピーエンドだ。

サゲ（オチ）は「細工は流々、仕上げをご覧じろ」のモジリで「大工は棟梁」「調べを御覧じろ」――。あんまりピタッと決まるサゲとは言えない。そもそも「細工は流々、仕上げをご覧じろ」という言葉自体、近頃はめったに聞かれなくなってしまった。それもあって最後の訴訟場面はカットして演じる人が多い。私もそのほうがいいように思っている。

一両と八百文というのは、今にしたらいったいどのくらいの金額になるのだろう。

八百文というのは一両の五分の一にあたるそうだ。もし一両が十万円としたら二万円か。棟梁の口ぶりからすると、たいした額ではなさそうだ。それでも今すぐキッチリ返せと言い張る家主はイヤな奴には違いないけれど、まちがってはいない。棟梁は、いわゆる「竹を割ったような」江戸っ子気質だから、たかが八百と思うわけだが、金に関してはクールな合理主義者の家主にしてみれば、棟梁の態度は情にもたれかかって貸借関係をいいかげんにしているようで不快なのだろう。金の問題をキッチリすることを「因業」と思うほうがおかしいと思っているのだろう。家主にも確かに一理はあるのだ。

それでもやっぱり、棟梁が堪忍袋の緒が切れたァとばかりに、タンカを切るところは快感だ。

「オウ、呆助(ほうすけ)藤十郎チンケイトウ芋ッ掘り株ッ齧(かじ)りめ」なあんて今となっては意味不明の言葉もあるが。家主の過去にまでさかのぼってエンエンと悪態をつらねるのだ。ただし、ねちっこくではなくスカッと軽快に。思わず「悪態の豊かさ」という言葉を思い浮かべずにはいられない。歌舞伎の『助六』なんかもそうだけれど、江戸人はよっぽど悪態が好きだったんじゃないか。ミもフタもない悪態ではなくて、思わず笑ってしまうような、あるいは、巧いこと言うなあと言われたほうも感心してしまうような、芸のある悪態である。

江戸の庶民たちにとって悪態の洗練化――ソフィスティケーションは生活の知恵でもあったろう。人が密集して暮らす中では当然、人と人の間に感情的な摩擦が多くなる。悪感情をうまく発散するよう、レトリックに工夫を凝らした。どこか「遊び」のある悪態を愛用した。言うほうも言われるほうも真剣(マジ)になりすぎないために。

それにしても、くどいようだが『大工調べ』の与太郎は愛らしい。見ようによっては、愚かさのあまり、せせこましい世俗に対して超然としている。あくまでも「見ようによっては」だけれど。互いにムキになっている棟梁と家主のほうが何だか俗っぽく感じられなくもない。

ふと赤塚不二夫さんの言葉を思い出す。赤塚さんは可愛がっていた「たこ八郎」が海で溺死した時、たいへん悲しんで、「たこちゃんは妖精みたいな人だった」と追悼した。今では「たこ八郎」を知る人も少なくなってしまっただろうが、すぐれたボクサーだったのが、いわゆるパンチドランカーになって、ちょっとポーッとした雰囲気を漂わすタレントになった。その外見と「妖精」という言葉は、一瞬、全然そぐわない感じがしたのだけれど、すぐに「そうだ、妖精だ、奇妙な妖精だ」と納得した。

その人を前にすると、何か自分がせせこましい世智(せち)にとらわれて生きているような感じがしてならない。その人といっしょにいるだけで何かホッと息がつけ、救われたような気がする。赤塚さんにとって「たこ八郎」はそういう人だったのだろう。

棟梁は与太郎の愚鈍さにたびたび焦立つ。聴いているこちらも、与太郎をジレッたく思う。ジレッたく思いながらも、何だかホッとするのだ。棟梁に「悔しくねえのか？　えッ、おい、え？　腹が立たねえか」と詰め寄られ、ノンキな声で、「ン、立ててもいいよ」なあんて言うところなぞ、特に。

赤塚さんだったら、きっと、『大工調べ』の与太郎を長屋の妖精と言うだろう。タ―ボ―も私の記憶の中では、ちょっと肥満系の妖精っぽくなっている。

『風呂敷』
なぜそう亭主をおびやかす

二〇〇一年十月一日。古今亭志ん朝さんの急逝には大きなショックを受けた。その数年前から面やつれが目立ち、ファン仲間同士で体調の心配はしていたのだけれど。あの志ん生の息子なのだ。絶対に強い遺伝子を引き継いで長生きするはずだ……と、私はやみくもに信じていたのだった。

久しぶりに古今亭志ん生のビデオ『風呂敷』を見た。以前見た時はそれほど感じなかったのだけれど、目元に志ん朝の面影がやけに濃く感じられた。志ん朝さんも七十、八十と歳を重ねることができたら、こんなふうになっていたかもしれない。頭もこんな具合に剃りあげたようになって、ザクザクとした語り口も似合う人になっていたかもしれない……と思わずにはいられなかった。

さて、『風呂敷』はよく出来た滑稽噺である。

●デタラメな知識をひけらかすのが難だが、なかなか機転のきく男がいる。その男のもとにある夜、近所の女房が知恵を借りたいと駆け込んできた。

亭主が留守の間に、近所の若い男・新さんがやってきて世間話をしていたのだが、その途中で亭主が帰ってきた。亭主は大変なヤキモチ焼きなのだ。女房と新さんの間には何のやましいこともないのだけれど、二人だけのところを見たら逆上するに決まっている。女房はとっさに新さんに三尺の押入の中へと身を隠してもらう。ところが、何という皮肉、酔っ払って帰ってきた亭主は、その押入の前にドッカと座り込み、酒を呑み続けているのだ。新さんは出るに出られず。もしみつかりでもしたら「間男してたんだなっ！」と、あらぬ疑いをかけられることまちがいなし。さて、どうやってこの苦境を逃れたらいいのか？

●相談を持ちかけられた男は、一枚の風呂敷（江戸言葉ではフルシキだ）を持ってその女房の家に行く。酔っ払った亭主は御機嫌だ。「どうかしたのかい」と言われ、男は「いや、ちょっと町内にゴタゴタがあってね」と答える。どんなゴタゴタかと興味を持った亭主に、男はこう語る。

●大変なヤキモチ焼きの亭主を持ったある女房のところに、若

い男がやって来て世間話をしていた。そこに急に亭主が帰って来た。あわてた女房は男を押入に隠したのだが、酔っぱらった亭主はその押入の前に座り込んで呑み続けているので、若い男は出るに出られなくなってしまった――と、事実をそのまんま他人事として語ったのち、ここから急に仕方話になって、持っていたフルシキをパッと広げ、「亭主にこういうふうにフルシキをかぶせちゃったんだ、見えるか、見えないだろう、こうやっちゃってよ、押入をあけて、(新さんがいるのを横目で確認しながら)『出な！　忘れ物すんじゃないぞ！　ゲタまちがえるんじゃないぞ！』――って言って逃がしたんだ」。それを聞いた酔っ払い亭主は大笑い。「なあんだ、そうかあ。そいつあ、うまく逃がしやがったなあ」と感心する――というのがオチ。

わが身のこととは少しも疑わない亭主のノーテンキさがこの噺の一番のポイントだけれど、志ん生バージョンは、夫婦の会話部分にもたっぷりとクスグリを入れている。男は妻を「百万年前のトカゲみたいなツラして」とか「油虫の背中のような色をして……なぜそう亭主をおびやかす」とか「シャツの三つ目のボタンみたいにあってもなくてもいいようなもの」なあんてヒドイ悪態を並べ立てる。妻も決して負けていない。「上げ潮のゴミみたい」などと言い返す。バカだのノロマだのという、ミもフタもない悪態ではない。思わず笑ってしまうような、レトリックを凝らした悪態である。

誰もが「志ん生さんはおかみさんで保っていた」と言うほどシッカリ者だった志ん生夫人、りんさん。二人のおかしな私生活はテレビドラマにも芝居にもなって多くの人が知っているので、こんな悪態合戦も、ひとしおほほえましく思えてしまうのだ。

ユカタ着て湯に入っているよう『紙入れ』

『風呂敷』とよく似た噺に『紙入れ』というのがある。以下、古今亭志ん朝バージョンで。

●『風呂敷』のほうは、女房と若い男との間に色恋めいたものはなく、ただもう夫が異常なヤキモチ焼きだという設定だったのだけれど、『紙入れ』のほうには色気が絡んでいる。こちらは女が旦那の留守に若い男（こちらの名前も新さん）を誘惑して家に入れるのだ。
「今夜は旦那のお帰りがないから来てくれ」という文を渡された新さん。その旦那はいい人だし、仕事のうえで世話になっているので、旦那を裏切るのはどうも気がすまない。かと言って女の誘いを無下にしたらどういうことになるかわからない。とりあえず得意先は一軒なくしてしまうだろう。どっちに転んでも何だか困ったことになりそうな気がする。そんなグズグズした気持を「ユカタ着て湯に入っているよう」と形容している。すごく感じが出ていておかしい。志ん生ゆずりのレトリックだ。

さんざん迷いながらも新さんは女のもとに行く。お酒を呑んだだけで引きあげようとするのだけれど、女は執拗にくいさがる。「私に恥をかかす気?!」。

奥には蒲団も敷かれている。女が甘い声で「新さ〜ん」と来たところで、表の戸がドンドンと鳴る。旦那の御帰館だ。想定外の事態。

新さんはビックリ仰天。あたふたと裏口から逃げ出す。
●逃げ出したあとでハッと気がついたのは、女の家に紙入れを忘れてきたということ。紙入れだけなら言い逃がれができるのだけれど、紙入れの中には女からの文が入っているのだった。あれがみつかったら大変だ。お出入りなどできるはずがない。夜逃げすら考えたのだが、百パーセントみつかったとも限らないのである。迷い抜いたあげく、翌朝、女の家に様子を見に行く。
●旦那は新さんを見て驚く。「顔色が悪いじゃないか、目がマッカじゃないか、どうしたんだ」と親身になって心配するが、フッと気づいて笑う。「ははは、事によると女のことじゃないか、お前なんか働き者だし容子もいいし、女のほうでうっちゃっておかねえよ。どっかのお嬢さんなら、俺が一つ間に入ってまとめてやろうじゃないか」。

相手がお嬢さんではなくて、どっかのおかみさんだと知って、旦那は驚くと同時に、ますます興味をそそられる。

新さんは、相手の名は伏せたまま事実をそのまま語る。

「御新造がきものを脱いで長襦袢一つになって『新さ～ん』とこう入って来たんです」と言うと「うんっ、うんっ、うんっ」とうれしげに鼻息を荒らげ、「そこに旦那が帰ってきたんです」と言うと、(自分のことなのに)「マヌケなところへ帰(けえ)ってきやがったなあ」。

新さんが一番気になるのは、紙入れがみつかったかどうかなのだが……。

そこに御新造登場。旦那から事情を聞いた御新造は笑いながらこう言う。「旦那の留守に若い人をウチへ引っぱりこもうって女ですからねえ、そういうとこにヌカリはないと思いますよ。新さんを逃がしてからね、すぐに旦那を入れたりしませんよ。何かみつかっちゃあ具合の悪いものはありゃあしないかってあたりを見て、ヒョイと見るってえと、そこにもし、紙入れがあれば、これはみつかっちゃあ具合の悪いものだと思うから、ちゃあんと、旦那にわからないように、その人がこっちにしまってありますよ、大丈夫、大丈夫……。ねえ、旦那(あなた)」。

旦那に語るようにして、実は新さんに語っているのである。安全のサインを送っているのである。それにはどこまでも気づかず、旦那はこう言って笑う。

「そりゃあそうだなあ。よしんばみつかったところで、自分の女房を盗られるような野郎だよ。まさか、そこまでは気がつかねえだろう」——。

『風呂敷』も『紙入れ』も、ヤキモチ焼きのくせに、案外、ワキの甘い旦那が一杯くわされる噺になっているところ、フランスの艶笑小咄のような味わいだ。

『紙入れ』の御新造が断然、光っていますね。目をつけた若い男をウムをも言わさず追い詰めてゆくところ、いざバレそうになった時の冷静沈着な対応、若い男も旦那も傷つけないようにトボケ通すところ……そういう才覚と豪胆さを持った女なのだ。浮気の有資格者と言うべきだろう。

志ん朝バージョンの御新造は、そんなコナレた女のイメージをうまく創造していた。旦那は確かに好人物で、度量があるし面倒見がいいし物わかりのいい男だと自負しているところがある。いわゆる「親分肌」と思われたがっているようなタイプの男である。

いっぽう新さんも好人物だけれど、何しろまだ若く、押しに弱く、優柔不断なところがある（浮気、不倫、間男騒動……その多くは、その資格を持たない男女によって引き起こされているのが現実なんじゃないだろうか？　浮気は是か非か、というより、その資格の有無のほうが私には重要なポイントのように思える）。

『紙入れ』はその、たった三人だけのドラマなのだけれど、志ん朝の人物造型がシッカリとしているうえに、語りのニュアンスが多彩なので、三人のセリフのこまかいところまでジックリ楽しめる。

すぐに隣家に地雷火をッ

『三軒長屋』

落語というとオチのある話、というのでオチを重視する人が多いようだ。オチで笑えないとその噺の価値が半減するかのように思う人もいる。

例えば『居残り佐平次』のようなよく出来た噺でも、オチに「おこわにかける」という死語が使われているため、そのままでは誰もピンと来ず、笑えない。それで落語家たちはそれぞれ苦心してしまうのだ。「おこわにかける（一杯くわす）」の意味をそれとなく前もって説明しておくとか、思い切って別のオチに改めてしまうとか。

実のところ私はオチはあんまり重視していない。落語の世界にひたること自体が楽しいので、フィニッシュの仕方にはそれほどこだわらないのだ。必ずしもオチで笑わせる必要はない。どこかで噺を終わらせなくてはいけないので、とりあえずここでオワリというサイン程度のものであってもいいと思っている。

オチにはこだわらない。それでも数ある落語の中には、オチが卓抜で重要なポイントになっているものもある。

例えば『三軒長屋』だ。全編にこまかいクスグリ満載の噺なので、話のゆくえなど忘れてクスクス笑っていると、最後にアッという結末が待っている。オチが命、というよりオチも命の噺なのだ。

古今亭志ん朝バージョンがすばらしいので、以下それに即してストーリーを追ってゆこう。

●噺の舞台は、普通(なみ)の棟割長屋よりちょっとばかり広くて上等な三軒長屋である。三軒くっついた建て物だが、それぞれの住人たちはまるで気風も暮らしぶりも違う。ちょっと長くなるけれど、志ん朝の描写によるとこんな具合だ。
「ここにある三軒長屋はってえと、路地口(とっつき)が鳶の頭(かしら)の家(うち)で、土間が広くとってありましてね……（略）威勢のいい若い連中がのべつ出入(ではい)りしていて、二階で木遣(きや)りの稽古をするとか、たいへんにこの、にぎやかで陽気です。で、間(あいだ)の家(うち)がってえと、お妾さんの家で。えー、女中さんを一人置いて、シーンと暮らしている。たまにこのォ旦那がみえたりするってえと笑い声が聞こえるというような具合で、雨でも降るってえと草双紙を読むとか、音曲しとつにしても薗八節(そのはち)なんというようなね、ごく物静かな、穏やかなものをこの、やったりする（略）で、一番奥がというと、剣術の道場。楠運平橘正友という先生がいて、ここへ集まってくる者はってえと、みんなこの、肩を怒らしてェ、で、ちょいと短めな団小倉の袴を穿いてね、えー、毛脛を出して、で、朴歯足駄かなんかァ履いてェ、で、やってくる」

鳶の頭の家では若い衆のケンカが絶えない。道場では夜稽古までして剣術の音が絶えない。間にはさまれた妾宅ではすっかり辟易している。

妾はヤカン頭の旦那・伊勢勘にせっせと訴える。「剣術とケンカの間に挟まっちゃって、あたしもう、気のぼせがしちゃってるんですよォ、ねえ旦那、どっかイ引越してくだ……」。

両隣りがあまりに騒がしく荒々しいことに旦那も呆れ、「ここだけの話だけど」と前置きしてこう言ってなだめる。「この三軒の長屋はな、うちの家質になってる。もう何日か経ってえとな、抵当流れであたしのものンなるんだ。そうしたら、両脇の、ドブさらい（鳶頭）と、へっぽこ剣術師を店立て食わして、三軒を一軒にして住むんだよ、なア、もーうしばらくの辛

抱だ」。

●さて、この話が鳶頭・政五郎の女房の耳に入ってしまったから大変。「持ち主から店立てを食わされるんだったら、あたしだって我慢できらあ、ええ？　そうでないとっから何か言われるから癪に障るんじゃないかァ」と怒り心頭。

政五郎はその話を聞いて一計を案じる。隣家にどなり込みに行ったりせずに、羽織を着て一軒おいた楠先生の道場に行き、先生と密談を交わすのだった……。

●翌朝、楠先生は袴を穿いて鉄扇を持つというフォーマルなスタイルで「頼もーォ」と隣りの妾宅を訪問する。そうして応対に出て来た伊勢勘に思いがけない申し出をする。

今の道場では手狭になったので、もっと広い家に越すつもりだが、金が足りない。そこで他流他門の剣客者に呼びかけて三日間にわたって千本試合を開催して資金を調達しようと思っている。「そのときには、腕を片っぽ取られた者がこちらイ逃げ込んでくるとか、あるいは首が一つや二ッつ転がり込んでも来ないとは言えない。また、血刀（ちがたな）をぶる下げてこちらイ飛び込んできて、見境いなく人（しと）を斬りまくるというようなことが、ないとは言えん！　そこで、三日の間、表と裏の締まりをきちっとしておいてもらいたい」。

　ビックリ仰天した伊勢勘は、お金ですむことならと五十両を楠先生に差し出して、千本試合を中止してもらう。楠先生は案外サッサと金を受け取り「拙者、明朝早々に引き移ることにいたしておるのでな」と言って、立ち去る。

●と、それと入れ替わるかのように今度は政五郎がやって来る。そうしてこちらもまた思いがけない話をするのだった。

　政五郎のところでは近いうちに大仕事を一つする予定がある。それには若い者をいつも家に十五、六人転がしておかなくてはならない。となると今の家では手狭だ。ちょっと広い家に引っ越すことになった。その資金調達のために花会（はながい）をやりたい。江戸中の組合に触れを回して大勢で三日間にわたって花会を開催する。「まァ、あっしらのやることってすから、まあ丁寧なことはできねェや」「もうすぐにケンカおっ始まるんですよ」「刺身包丁の刃傷沙汰で顔が半分なくなったのがこちらイ逃げ込んでくる、そいつの後を追っかけてまた、こう刃物ォ持ったのが来て、そこでもって喧嘩ンなってお宅に迷惑がかかるといけませんので、三日の間、裏と表の締まりをきちっとしと

いていただきてェんです」。

またまたビックリ仰天した伊勢勘は、お金ですむことならと五十両を政五郎に差し出して、花会を中止してもらう。政五郎は五十両を受け取り、「あしたの朝早くに引っ越そうと思って。どうぞォ、えー、お達者で、いろいろとお世話様でございました」とお辞儀をして立ち去ろうとする。

●さて、いよいよ最後のオチはこんなふうになる。政五郎を白けた気分で見送ろうとした伊勢勘は、ふと政五郎を呼びとめてこう言う。

「ちょっとお待ち、鳶頭（かしら）。さっきね、隣りの楠さんが見えて、あしたの朝早くにやっぱり引っ越すってそう言ってたが、お前はいったいどこイ引っ越すんだい？」

政五郎は答える。

「ええ、あっしが楠先生ンとこ引っ越してってね、先生があっしンところイ引っ越してくんですよォ」――。

鮮かなウッチャリをくらわすようなオチである。途中からウスウス察しがついても、やっぱり笑わずにはいられない。

けれど、私がこの噺が大好きなのは、オチの鮮かさよりも、登場人物たちの個性に面白い奥ゆきがあるからだ。

特に政五郎の女房の描写がすばらしい。自分のことを時に「オレ」というようなアネゴ。このアネゴと下っぱの若い衆との会話部分が大いに笑わせる。隣りの家の女をチラリと見かけた若い衆は、その若さと美しさにポーッとなるのだが、それがヤカン頭の伊勢勘のお妾さんだと知って、義憤（？）に燃える。

「ええっ、あんな爺、なんでエ！　歯も何もねエんだからねェッ」と言うと、アネゴはこう答える。「歯はなくたって、お金があんだよ、えエ。お前、歯があったってお金がねえだろう」。

下っぱの若い衆はアネゴのことを、トウは立ってはいるけれど美人だと思っている。「初めて見たときにゃ驚いたよォ。こういう女もいるのかと思ったがねエ。色が浅黒くって、それで目がパチッとしてン。そいでもって口もとはキュッと締まって」。黒木メイサ風か？　アネゴは政五郎にもヒケをとらずポンポンとものを言う。その伝法な魅力にあふれた姿が彷彿とする。

余談になるけれど、この鳶頭夫婦のイメージは、私の中では幸田露伴『五重塔』の大工・源太とその妻のイメージと重なっている。公平でさわやかな心を持った源太に、伝法な妻は時どきジレったい思いをするのだった。こちらも「鼻筋つんと通り眼尻キリリと上り」「浅黒いながら渋気の抜けたる顔」うんぬんと描写されている。

『五重塔』に限らず、露伴の小説を読んでいると、落語を連想することが多い。例えば『太郎坊』を読むと落語の『青菜』を、『貧乏』を読むと『鮑のし』や『お直し』の世界が重なって見えてくる。べつだん露伴は落語好きというわけではなかっただろうが。

伊勢勘の人物描写も周到だ。商人らしく如才なく下手（したて）に出て政五郎や楠先生を立てているが、「金がものいう世の中」ということを知り抜いていて、その自信を効果的にチラつかせる。したたかな伊勢勘の人物像がクッキリ浮かぶ。

最も浮世ばなれして戯画化されているのが楠先生で、政五郎から店立ての一件を聞かされて激怒。「無礼千万であるッ！　なァん！　へっぽこ剣術師とはっ。勘弁あいならん！　ましてや武士たる者が住まっているとすれば、たとえ借家といえども城郭同然である。うん？　それを店立てとは、城攻めに等しいッ。しからば、こちらも負けてはおらんぞッ。（裏へ呼びかけて）石野地蔵ッ！　山坂転太（ころんだ）ッ！　これへ参れっ！　煙硝の仕度をいたせッ。すぐに隣家に地雷火をッ」と戦闘態勢に突入してしまい、世馴れた政五郎になだめられるのだった。

日本のオトナ教育には「落語」がよろしいようで……

対談・京須偕充×中野翠

――この数年、落語がひとつのブームとして注目を集めています。寄席、落語会などにもこれまで落語に縁がないと思われていた若い層や女性客が急増しているとか。

二十一世紀の今日、落語はどのような魅力で人びとをひきつけているのか。今日は『圓生百席』や古今亭志ん朝などの録音を手がけ、「朝日名人会」のプロデューサーでもある京須偕充さんと、二十年来の落語耽溺を綴った中野翠さんに、たっぷりと語っていただきます。

京須　まず落語人気ということでいえば、戦後、東京落語には三回のブームがあったと思います。一回目は、昭和三十年くらいからの十年ほどで、桂文楽、古今亭志ん生、三遊亭圓生、林家正蔵（のちの彦六）といった明治生まれの名人から林家三平まで、多士済々。ラジオ落語が全盛で、それまで東京の住民だけの楽しみだった落語が全国的にファン層を広げた。

中野　しかも当時の音源を、いまもＣＤで聴くことが出来ますね。そうしたメディアの普及ともうまく歩調が合っていた。私はＣＤで落語を聴きながら眠るのがこの二十年来の習慣なんですが、文楽、志ん生を中心に、この時期の録音にはずいぶんお世話になっている（笑）。

京須　なるほど、『今夜も落語で眠りたい』（文春新書）は看板に偽りなしですね（笑）。それから一九七〇年代に第二次ブームが到来します。圓生が大看板として健在で、古今亭志ん朝、三遊亭圓楽、立川談志といった人たちが台頭する。それから現在の第三次ブームがただいま進行中、ということになる。いまはかつてのように中心となる演者はいないかわりに、立川志の輔、春風亭昇太などを筆頭とした若手の落語家に同世代のファンが定着して裾野を広げている。それにしても江戸時代にルーツをもつこの演芸の生命力には改めて驚かされます。

日本人の「教養」のかたまり

中野　いや、付き合えば付き合うほど、こんな深い演芸はないのではないか、と思いますね。「落語こそ日本文化最高最大の遺産だ」と断言したい。

というのは、落語には日本人の生き方、美意識、それに広い意味での教養が凝縮されている。「教養」なんていうと、熊さん八っつあんに「よせやい」って笑われるかもしれないけど（笑）。

福田恆存さんが「一時代、一民族の生き方が一つの型に結集する処に一つの文化が生まれる。その同じものが個人に現れる時、人はそれを教養と称する」と書かれていますね。つまり箸の上げ下ろしのような日常の所作にもあらわれるような、その人が何を美しいと感じ、何を恥と思うのか、その総体が教養だというのです。その意味では、落語こそ日本人の教養のかたまりではないでしょうか。

京須 同感です。なんといっても日本人の暮らしが入っていますよ。今ではなくなりつつあるものも含めてね。たとえば噺のなかで「なんだ、そんな用なら玄関から入ってこないで、裏へ回れ」といったセリフがありますが、今のマンション住まいでは裏も表もない（笑）。

中野 「畳は目なりに拭くんだ」なんていうセリフも私は大好きなんですが、畳のない家も増えてるからねえ。

京須 『へっつい幽霊』のへっつい（かまど）、『悋気（りんき）の独楽』の悋気（やきもち）なんて言葉もね。

中野 ただ、そうした失われつつある生活のディテールや、普段は耳にしなくなった言葉が生き生きと使われているのも、落語の楽しさ。そのなかに暮らしの知恵が入っている。殿様から町人、職人、お百姓、花魁（おいらん）にお妾さん、博打打ちから泥棒までありとあらゆるなりわいの人物が登場して、それぞれの生活流儀が描かれているのも大きな魅力です。

京須　人間の交流の仕方が描かれているんですね。その基本となる部分は案外、今の日本人にも受け継がれているような気がします。聴いてて分からない部分が多々あっても根本のところは理解できるからこそ、若い人たちでも落語で安らげるのでしょう。たとえば『孝行糖』という噺がありますね。ちょっと知恵が足りないけれど親孝行な与太郎という男に、お上から青緡(あおざし)五貫文の褒美が出た。これを無駄に使っちゃいけないというので、大家さんはじめ長屋の連中が知恵を絞って、与太郎に「孝行糖」という名で飴を売らせる、という筋なのですが、ここには昔の民生がよく表れています。みんなで助け合うということと、弱者を仲間はずれにしない。しかも、与太郎に仕事をさせようとするんですね。

中野　『道具屋』、『かぼちゃ屋』、『厄払い』……。だいたいおじさんとか大家さんが何か与太郎にも出来る仕事を探そうとする。

京須　いまは職業選択の自由がありますが、昔はとてもそうはいかなかった。その意味では不自由な社会なんだけど、逆にいうと弱者にしかやらせない職業があって、彼らを社会のメンバーとして迎え入れていたんですね。

中野　バカだバカだといいながら、みんな与太郎を愛してる（笑）。

京須　そうなんですよ。吉原に繰り出すのにみんなで揃って錦のふんどしを締めようという『錦の袈裟』でも、「あと、誰が来てないの？　与太郎？　与太郎は来やしないだろう」「いいよ、もう少し待とうよ、あいつが来ねえと遊びの座が面白くないよ」って。

中野　みんなが堂々とバカにできる、というか、存在を楽しく許しているという感じがいいなあ、と思うんです。

京須　こうした、今でいう自治のシステムがあったから二百六十年以上も江戸幕府がもったんでしょうね。もっとも落語は別に江戸の歴史を語るためのものでもないし、あんまり解説的にしてしまうと面白くなくなっちゃうけど、こうした社会が自然に落語の中に入っていて、その世界を豊かにしている。

落語の世界はみんなが顔見知りだから、「おまえはグズだからいけないよ」「物知りのご隠居に聞いてみよう」「あの人はそそっかしいから気をつけなよ」というように、一人一人の性格を互いによく知っていて、役割を与え合っている。それが、隣人の顔も分からないような今の社会に生きている人たちを惹きつけるのかもしれませんね。

ホリエモンの人生観も変わる?

中野　それから落語の魅力のひとつに、貧乏との付き合い方を教えてくれる、というのがありますね。お酒と玉子焼きのかわりに、お茶とたくあんで花見に繰り出す『長屋の花見』とか、鍋一つない部屋の壁に絵を描いて、家財道具に囲まれて暮らす〝つもり〟になる『だくだく』などなど、貧乏を「風流」という美意識にまで高めている(笑)。こんな文化は世界でも珍しいのではないでしょうか。

いま、とっても嫌な言葉で「勝ち組・負け組」というのがあるけれど、世の中を損得でしか考えられない、ものすごく視野の狭い、貧しい発想だと思うんです。落語に出てくる貧乏な人たちより、「勝ち組」のほうが考え方にしても美意識にしても、私には一段も二段も〝貧しく〟見えてならない。

京須　『三方一両損』のストーリーはよく知られていますが、あの噺の肝心なところはあまり知られていない。つまり、金を拾って届けたら、相手がいらない、お前にやると言った、何故そのとき受け取らなかったのか、と大岡越前守に尋ねられると、金を拾ったほうの職人が怒って、「いい幸いに受け取るような料簡なら、あっしはとうに棟梁になってますよ。どうか棟梁にはなりたくねえ、人間、出世をするような災難には遭いたくねえと思やアこそ……」。

中野 すると御奉行様が「そのほう、泣いておるな」（笑）。

私は志ん朝さんでこの噺を聴いて泣きそうになりました。人間には損得とは別にたいせつにしているものがあっていいんだ、損得が分からないバカであってもいいんだ、と。

京須 ホリエモン（堀江貴文）は拘置所で何百冊も本を読んだそうですけど、彼や村上ファンドの人なんかはちょっとは落語全集でも読んだほうがいい。だいぶ人生観が変わるかもしれませんね。落語にも大金持ちの旦那は登場しますが、ヒルズ族と違うのは、彼らが文化を持っていることですね。芸事を習ったり、芸者を揚げて遊んだりしながら、センスの良さや人を見極める眼、先見性などを養ってきた。

中野 店ではコチコチの堅物で通してきた番頭が、実は隠れてさんざん遊んでいたところを旦那に見られてしまう『百年目』でも、番頭がひそかに遊び人だったということを旦那が喜ぶんですね。しかも帳簿を調べてちゃんと穴をあけずにやっていると知ると、褒めて来年には店を出させようとまで言うんです。『明烏』でも、息子が『論語』みたいな本ばかり読んでいることを旦那が嫌がって、「遊びを知らないいんじゃ商いの切っ先が鈍りますよ」と叱る。

こういう〝旦那の文化〟も、いまの日本社会には見当たりませんね。自家用ジェット機とか女子アナとの合コンとか、センスや見識がなくても、お金さえあればできる遊びばっかり。

京須　明治、大正、昭和の初期までは実業家が文化のスポンサーでもありました。たとえば戦前の朝日麦酒（現・アサヒビール）社長だった山本為三郎という人は、ヴァイオリニストのハイフェッツを招聘したり、留学生にお金を出したりして、スケールの大きな社会貢献をしている。やっぱり戦後の高度成長のあたり、「モーレツ社員」がもてはやされたころから、こうした人たちもいなくなってしまったのかもしれませんね。

中野　山本為三郎の陶器コレクションが京都の大山崎山荘に展示されています。濱田庄司やバーナード・リーチの作品。いいんですよね。日本にも昔は趣味のいい大旦那がいた……。

ところで、京須さんの『落語名人会　夢の勢揃い』（文春新書）を読むと、京須さんの生まれ育った東京の下町では、戦後もまだまだ落語の世界が生きていたんですね。京須さんのクラスメイトに神田明神下の鳶の頭（かしら）の子がいたりする（笑）。鳶の頭ってどういう仕事なのか、私なんかいまだによく分からない。

京須　そういうことは何となく実感で分かるんですね。鳶といっても、もう消防関係の仕事はしていませんでしたが、建築の基礎工事が主な仕事で、そのほか『三軒長屋』という噺に出てくるように、どぶ掃除まで町内のいろいろな土木関係の雑用をこなす。ときどき押し売りが来たりしたら、「ちょっと頭、呼んどいで」となって、頭が来ると向こうが逃げていったり。

中野　トラブルも処理してくれる。落語に出てくるように、若い衆が何人もいたりするんですか。

京須　いましたね。年寄りもいて、明治半ばの生まれで、昔、廓で遊んだ口だったんでしょう、なんか顔の色が変わっていて、子供ごころに不思議に思って、父に「あのおじいさんはどうしたのか」と尋ねたら、「ありゃあ梅毒の第四期だ」（笑）。

中野　アハハハ、もうそのやりとりが落語ですね。

京須　その意味では大変〝教育的〟環境だった（笑）。

中野　しかし、考えてみると落語ってほんと変な芸能ですね。あんなに何もかもそぎ落としてしまった形のものはないんじゃないかしら。着物を着て、座布団に座って、あとはせいぜい手ぬぐいと扇子だけ。私の好みでいえば、着物もあまり派手でないものがいいですね。黒紋付か縞くらいの地味なものがいい。そういう究極のスタイルが出来上がっていて、ちょっと動かしようがありませんね。逆に、スタイルが決まっているから、とにかく着物着て座ったら、あとは何をやっても落語になる。かえって非常に自由な芸でもある。

京須　落語の歴史、なんていうと大袈裟だけど、手ぬぐいと扇子というスタイルはおそらく落語が始まったころから続いているものだと思います。それが幕末のころになると、芝居噺といって、背景を立てて演者もちょっと衣装をこしらえて、一人芝居のようなものをやるようになりました。ところが、そういう芝居噺や怪談噺が流行ってどんどん芝居に近づいていくと、落語は一人でやるものですから、芝居よりずっと安い値段で楽しむことができる。これではたまらないと、芝居小屋のほうから苦情が出たのでしょう、「寄席では芝居まがいのことをしてはならない」というご禁制が下された。そこで幕末から明治にかけて活躍した三遊亭圓朝が、何も使わない素噺に徹するようになった。

今でも上方落語では三味線や太鼓などの鳴り物が入ったりしていますが、おそらくこれは当時の規制が上方よりも江戸のほうが厳しかったからでしょうね。

中野　古典落語というと、いつもいつも決まりきった噺を繰り返しているだけ、というイメージもあるかもしれませんが、実際に聴いてみると、実は同じ噺でも演者によって全然違うんですね。

京須　どこに噺のポイントを置くか、場合によっては不要なところを省いたり、まったく新たに付け加えたりして、一人一人が自分の噺に作り上げていくことが許されているんです。いわば噺家は主演者でもあり脚色・演出家でもある。

中野　たとえば『寝床』なんて、文楽と志ん生では噺の重点がまるで違いますね。お店の大旦那が素人義太夫に凝って店の者や長屋の衆を困らせるというストーリーなんだけど、文楽のほうは、みんなが自分の義太夫を聞きたくなくて逃げていると知ってかんしゃくを起こす旦那の心理がたっぷり描かれているのに対し、志ん生のほうはなんとか御難を逃れようとする長屋の衆や店の者が噺の中心になって、旦那の義太夫がいかにひどいかがデフォルメたっぷりに語られる。一方、文楽は何といっても、一度へそを曲げた旦那が番頭のお世辞にだんだん機嫌を直していくところが絶妙なんです。

京須　そうそう。そうやって自分ならではの噺に仕立てていくのが一流の噺家で、それ以外の噺家はそうした名演をコピーして演っているわけです。

中野　だから、どうしても演者そのものの個性と芸との関係がどんどん面白くなっていく。

京須　それは落語が素の芸だからでしょうね。舞台装置もない、道具も手ぬぐいと扇子だけ。何の扮装もせず、化粧もしません。演者そのものがもろに出てきますから、噺が生きるも死ぬも、その人の魅力によるところが非常に大きい。

中野　あるときふっと思ったんですが、落語家ってたった一人で常に正面切って観客に対峙しないといけない。背中のあたりがスースーしないのかなあ、と。こわい芸でもありますね。

京須　芝居などでは、舞台に大勢出ていてセリフを忘れると誰かがうまく補ってくれたりすることもある。だけど、噺家の場合、そうはいかない。どんな入門したての前座でも下手くそでも、はじめっから独り舞台ですからね。

中野　とにかくお客の前で全部自分を見せちゃう。自分をさらけ出さざるを得ないシチュエーションに立たされるわけですから、凄い。照れる間もないって感じ。

京須　圓生さんがよく言っていましたよ、若い時分にできるつもりで大きな噺を高座にかける。ところが、あの人の口癖で言えば「上げも下げもならない」、つまりまるっきりどうにもならないんだけど、一度始めた噺を中途でよすわけにいかず、はしょるわけにもいかない。そうなると高座を下りるまでの二十分なり三十分なりは針の筵（むしろ）のような気持だそうです。そうやって二度とやるまいとお蔵にした噺を、五十過ぎてからようやくボツボツ虫干ししたんだ、と。だから圓生さんのような人でも一流になるまでは、そうした背筋の寒い思いを重ねているんですね。

圓生流の「合理主義」

中野 演者の人となりということでいえば、圓生さんは非常に興味深い人物のひとりです。京須さんがプロデュースされた『圓生百席』を聴いていると、圓生さんの一種、郷土史家や時代考証家にも通じるような情熱を感じますね。珍しい噺、人が演らなくなり聴かなくなった噺を、何としても記録に残しておくという執念は、もはや芸人の域を超えているような気がする。

京須 圓生さんは数え六歳で子ども義太夫の高座に立ち、十歳で落語家に転向しています。生粋の寄席育ちで、記憶力も抜群でした。五十年以上前に演じていた噺をもう一度高座にかけようとしてちょっとおかしいなという箇所があったから、子どものころから一緒に落語家をやっている先代の三遊亭圓馬や先代の春風亭柳橋に電話して聞いたんですって。すると「あの人たちはね、まるっきり何にも憶えてないんだ」（笑）。そっちが当たり前で、圓生さんの記憶力のほうが異常なんですよ。

中野 寄席育ちの人なのに、一方ではドライというかクールというか、合理主義者でもありますね。そこがとても面白い。

京須　それはありますね。私は圓生さんとは長く仕事をしましたが、一度、彼の合理主義の筋をつかんでしまうと、仕事がしやすい人でした。圓生さん自身、自分が合理主義者だと思われたい部分もありましたから、そこをうまくくすぐったりしてね（笑）。

中野　権威主義者かと思うと、昭和天皇の前で落語を披露する際、皇室ファミリーと目線が水平になるよう高座が低くしつらえてあったのが納得できず、「これでは落語は出来ません」ときちんと言って、高座の位置を高くさせたりする。

京須　ギャラなどもきちんと交渉するので、「金にうるさい」という人もいましたが、言い分はしっかりしていました。たとえば、彦六師匠と比べてみると面白いんだけど、この人は地方のプロモーターが移動にグリーン車の席を用意したりすると、「芸人にグリーン車は似合いません」と断ったり、貰ったギャラを「高過ぎる」と返したといったエピソードで知られていた。

するとあるとき圓生さんが「いやあ、あたしだってね、なにもそんなに欲張るわけじゃあないけれども」と枕詞があって、「やっぱり芸人というものは自分で自分の位を上げていかなくちゃあいけない。あたしがグリーン車に乗らなかったら、それより下の者はずっとグリーン車には乗れません。『グリーン車でなきゃあ仕事に行かないよ』と言っちゃあ、これはいけませんが、向こうがくれるものを断ることはない。あたしは落語界のためにグリーン車をいただくんです」（笑）というわけですね。ギャラの問題も同様で、一番上に立つ者は憎まれることを嫌がっちゃいけないんだ、というのが圓生さんの考えでした。どこか自分に都合のいい理屈ではあるけれども（笑）、正論ではある。七十八歳にもなって、「真打の乱造は絶対反対だ」といって昭和五十三年（一九七八年）に落語協会から飛び出してしまうのも、利害や人間関係をすぱっと乗り越えられる圓生独自の筋論があってのことでしょう。

中野　そういうところ、偉いなあ、と思うんです。私自身けっこう彦六で（笑）、合理的にしたいしたいと思いながら、カッコつけちゃってる時があるんですね。体裁を気にする日本人、という。

京須　なるほど、そう言われてみると、圓生さんはグローバル・スタンダードに案外適応できた人だったかもしれない。

中野　圓生さんの凄いところは、年とともにどんどん仕事の内容が大きくなっていくところですね。最後まで明晰なままで亡くなった。

京須　落語界では珍しいケースですね。たいがいの人は早ければ五十代、遅くても七十過ぎるとどうしても昔ほどの冴えはなくなっていくのですが、圓生さんは晩年近くになって立ち直った。当時、お弟子の圓窓さんとそんなことを話していたら、「それはね、やっぱりレコードの仕事をしているからじゃないかな」と言うんです。

中野　『圓生百席』ですっかり活性化しちゃった。

京須　圓生さんは噺を吹き込んだあとも編集作業すべてに立ち会って、自分の音に何度も何度も耳を傾けていました。そうやって自分の録音を聴きながら、さらにあそこはこうしよう、こう喋ったらどうなる、と最後まで噺を練り続けていた、ということなのでしょう。

中野　本当に自分の仕事に何の疑いも迷いもなく、最後までやりきったという感じですね。とても幸せな人だな、という気がする。

京須　『圓生百席』を録り終えて、まだ元気でしたから「師匠、一休みしたらちょっと落穂拾いをしましょうよ」と声をかけたら、「やってもいいけども、どういう噺を？」と。私が考えていたのは、『垂乳根』とか『子褒め』といったいわゆる前座噺でした。それを圓生が演じるとどうなるのか。すると、「あなたね、『垂乳根』なんぞは難しいんですよ。あんな噺は上手くできたところで当たり前、なんだそれほどじゃねえやと言われると恥になる。ああいうものは勝負しちゃ損なんですよ」という答えが返ってきました。

中野　そう言いながらも、内心ちょっとムラムラッとしたんじゃ……（笑）。
京須　圓生師匠が亡くなったあと、メモが出てきたんです。それを見たら、『垂乳根』とか『初音の鼓』といった細かい噺がずらっと並べて書き出してあった。
中野　やっぱり火がついていたんだ（笑）。

志ん朝の着こなしのセンス

京須　最近の落語ブームに話を戻すと、その原因のひとつには、和服のパワーもあるんじゃないでしょうか。いま着物の商売というのは落語家くらいでしょう。
中野　あっ、それはあるかもしれない。というのは、この何年か、若い男の子で和服を着るのがオシャレみたいな潮流もあるんですね。はじめは海外のブランドにワーッと走るんですが、それにも飽きると和服の世界も深い、となる。欧米の文物がもう珍しくも何ともなくなっちゃった今では、着物に象徴される和風のものに、日本の中の異国情緒みたいなものを感じるのかな。女の子の世界ではポップな着物雑誌も何冊も出たりして、和のブームというのがかなり定着しています。
京須　二、三年前になるかな、春風亭昇太が自分の会で、Tシャツみたいな普段着で高座に出てきて、いろいろしゃべりながら、着物に着替えるところを見せたことがあるんです。それが若い観客にはすごく新鮮だったみたいで、受けていた。やはり彼はそういう時代をキャッチするセンスが鋭いですね。

中野　男の人が着物を着ると一、二割は上がりますよ、男ぶりが（笑）。そのかわり、奇をてらったような変な着物はやめてほしい。まずはスタンダードを着こなすこと。志ん生さんはああ見えて、着物は地味な堅気の着こなしだったと言いますね。昇太さんや柳家喬太郎さんたち新作落語の若手がSWA（創作話芸アソシエーション）というチームを組んでいて、アディダスのジャージみたいなデザインの着物で揃えていたけど、あれは面白くてスッキリしていたからいいの。『人は見た目が9割』（新潮新書）なんて本もあったけど、やっぱり見た目は大事よ。

京須　志ん朝さんの写真集を見ていたら、改めて縦縞の着物が多かったなあと。あの人は自分をもっとすっきり見せたいというので縦縞を好んでいましたね。

中野　志ん朝さんの着物の着方はほんとうにずば抜けてきれいでした。日本文化を全身で体現していたという感じ。

京須　圓生さんも着物をいっぱい持っていましたが、「若手ではどうです？」と尋ねたら、「いま、志ん朝だね」と言っていました。

中野　着物を着ることで、感受性のモードが切り替わっていくというスイッチみたいなものが、日本人の無意識のうちにきっとあるんでしょうね。

京須　逆に、先頃（二〇〇六年）亡くなった三遊亭圓右さんなどはいまから五十年ほど前に背広で高座に出て、サラリーマンを主人公とした新作落語を立って演っていました。当時は、トニー谷みたいなボードビリアンが台頭してきて、和服に扇子の従来の落語のスタイルでは機動力がなさ過ぎると考えたのではないでしょうか。評判はそれほど良くなくて、定着はしませんでしたが。

中野　着物を背広に着替えないと世の中に取り残されるのでは、という発想は、もはや昔のものですね。ハンパに新しいより思いっきり古いほうが、むしろ新鮮ですね。

京須　一昨年（二〇〇四年）に亡くなりましたが、十代目の桂文治というおじいさん、あの人が晩年、若い女の子から「かわいい」といわれていました。面白いのがこの文治さん、人一倍古いタイプの噺家で、着るものは普段から黒紋付。言葉遣いにもうるさくて、「ありがとうございました」なんて言うと叱られる。「じゃあ、元日に『おめでとうございました』って言うのか」と（笑）。そういうことをムキになって言うところがかわいいんですね。

中野　晩年は観客のほうも、古風なお小言を楽しみにしていました。一度お話ししたことがあったんですが、ほんとに昔ながらの芸人のセンスなんだなあと思いました。

ちっちゃなおじいさんで、見た目もかわいかったですよ。

京須　文治さんが本を出したとき、出版記念パーティーを開いたんです。ところが文治さん、かねてから芸人がパーティーなんか何事だと批判していたものですから、「俺は立食のパーティーなんてやるもんじゃねえって今までずっと言ってきたのに、こんな羽目になっちまって」とボヤいてました（笑）。これはね、先回りした言い訳でもあってね。つまり、自分は不本意なんだと周りの人に言っておきたいわけです。

中野　そんな、言い訳しなくてもいいのに（笑）。でも、わかるなあ、その気持。

京須　そう、あれはやっぱり昔の東京の下町の人間の感覚ですね。他人の目を非常に気にして、自分はカッコ良くありたいんだけれど、ときどき辻褄が合わなくなる。そういうときに、他人から言われる前に自分から言い訳を始めるんです（笑）。ずるいと言えばずるいんだけど、旧日本人の一つの文化を体現していたとはいえる。

もうひとつ、若い人たちの反応を見ていると、テレビドラマ『タイガー&ドラゴン』ではありませんが、落語家の世界そのものにも関心があるようですね。たしかに、いまの世の中にあっては相当に特殊な世界ですから。早くても前座三年、二ツ目十三年くらいの修業をしないと、真打になれない、師匠とは呼ばれません。システムとしてはかなり封建的で不自由なんだけれども、なにか心の自由がありそうだ、という不思議な憧れがあるんじゃないですか。

中野　あっという間に株で儲けて、会社でも何でも金で買えば済むIT長者とは、対極の時間が流れている。

京須　またいまの落語家の高座を見ていると、枕などで「噺家には前座、二ツ目、真打という身分制度がありまして」というような話題がよく出てきます。落語家という存在自体が、観客の興味の対象となっていることを感じ取っているのでしょう。

昔の噺家はほとんど枕で私的なことや業界の話はしませんでした。お天気のことや「昔は吉原というものが……」なんてことを言って、小咄をふって本題に入ってしまう。それが戦後、談志、小三治といった世代になって、自分のことを枕で話すようになったのです。

中野　小三治さんなんて枕がどんどん長くなってひとつの独立した作品になっていますね。小三治さんのバイクをとめていた駐車場に礼儀正しいホームレスが住み着いたという『駐車場物語』なんてまさに感動巨編。私の中ではあれも落語なんですね。

京須　「私小説」ならぬ「私落語」ですね。

「男がバカ、女がリコウ」の法則

──相撲などは国際化して外国人力士が大活躍していますが、落語の世界では外国人落語家というのはいるんですか。

京須　ゼロではありません。そもそも明治には初代快楽亭ブラックというイギリス人の落語家がいて、録音なども残されていますよ。でも、今後そういう人が増えるとは思えない。桂枝雀さんが始めた英語落語というものも試みとしてはありますが、地口、しゃれになるとなかなか翻訳が難しい。

中野　やっぱり落語というのは日本語と非常に密接に結びついた芸ですね。しかも、日本人の生活のさまざまなひだが織り込まれている。だから、国際化なんてしないだろうし、する必要もないと思う。

京須　もともと東京の場合、落語は江戸、いまの東京よりもずっと狭い地域で生まれ、育った芸ですね。品川や新宿ですら宿場町で、江戸の外側なんです。ましてや渋谷や池袋なんかは落語の中に出てこない。あとは、どこともつかない田舎になる。

中野　ローカルの中のローカルな芸だからこそ、かえって現代にも通じるような普遍的な生命力を持っているんです。

──男女共同参画社会がかまびすしい昨今、落語界には女性の演者はいないんですか。

京須　何人かいますよ。しかし、圧倒的に男性が多いですね。

中野　個々の演者について言うのではないけれど、やっぱり落語は男のものだな、という気がする。

京須　落語の登場人物がまず七割以上が男性なんですね。男ばっかり六、七人出てきて女は一人も出てこないという噺はいっぱいあるんですが、女だけ四、五人登場する噺はまずない。もちろん、登場すれば女性は重要な役割を果たすし、女を上手に描けるということが名人上手の条件だったこともありますが、やっぱり男性のほうが落語家としては有利でしょう。

中野　それに落語においては、「男がバカで、女がリコウ」という法則があるんですよ（笑）。夫婦が出てくれば、ほとんどおかみさんがしっかり者で亭主が抜けている。だから女性の落語家が少ないのも分かる気がしますね。男の愚かさを面白く描き出すのは大変でしょう。

京須　廓噺でも、女郎、花魁が男を騙し、操るというのが基本パターンですね。でも、これって現実の社会の秩序の反映でしょ（笑）。

中野　それこそ、フェミニズムの人たちは落語をどう聴くのでしょうね。かつて封建社会の女性は虐げられていた、ということになっているけれど、落語の女たちはあんまり虐げられていない。むしろイバっている。

京須　その意味では、『厩火事』なんて非常に面白い題材ですね。髪結いのおさきの稼ぎがいいものだから、年下の亭主八五郎が働きもせず日がな一日遊んでばかり。喧嘩の絶えない二人だが、おさきの不安は八五郎がほんとうに自分を思っているかどうか。そこで相談を持ちかけられた兄貴分は、八五郎の大事にしている皿を割って、皿が大事か女房が大事か、亭主の心を試せ、とおさきをけしかける……。

私はこの『厩火事』、数ある落語のなかでも名作中の名作だと思いますが、サゲでおさきを気づかった亭主が、「おまえさん、そんなにあたしが大事かい」と聞かれ、「おまえにもしものことがあってみねえ、あしたから遊んでいて酒が飲めねえ」。これが男からのささやかなしっぺ返しでしょうか。

中野　逆に、照れ隠しで言っている、とも解釈できますね。そういう意味でも、ほんとうによく出来た噺。あのおさきさんがとってもかわいいんですよ。

京須　売れっ子の髪結いである彼女は、江戸の社会ではキャリアウーマンの最たるものです。だから亭主を養うことができる。いってみれば落語の世界は、〝男性中心の女性上位〟ですね。

「ためにならない」素晴しさ

——今、小学校に英語教育を導入しようという動きがありますが、お話を聞いていると、小学生には英語よりも落語を教えたほうが、はるかに人情の機微がわかるようになるんじゃないかと思いますが……。

京須 小学校はともかく、中学・高校では「学校寄席」なんてものがありますよ。大きな学校だとそこの講堂で、または地域の中学校を何校か集めて、市民センターみたいなところで演芸会を開いている。落語家にとっては重要な営業先のひとつになっています（笑）。

中野 でも、私は教育の一環として学校で落語を聴かされていたら、こんなに興味を持たなかっただろうと思う。

京須 自由鑑賞だから生徒も別に嫌がってはいないと思いますが、レポートを提出しろ、感想文を書けなんていわれると、とたんに嫌気がさしてしまうでしょうね。

私はもともとレコード会社でクラシックを担当していたのですが、なまじ学校で音楽の時間に強制的に聴かされて痛めつけられたがために、クラシックなんか退屈なものだという固定観念をもってしまう人は少なくない。それが、大人になってからベートーヴェンやモーツァルトを聴いて、こんなにいいものだったのか、これまで聴かずにいて損した、という人もいる。落語はそもそも義務で聴くもんじゃありませんからね。

中野　いま、小学校で英語を教える、というのは、英語を身につけると金儲けにつながるからでしょう。でも、落語じゃ金儲けにはならない。いまは「ためになる」とか「役に立つ」以外のものは存在しちゃいけないような風潮があるけれど、私はそれがどうにも不快なんですね。落語は「ためにならない」から素晴らしいと声を大にして言いたい。「落語を教育に役立てよう」という発想自体が、ちっとも落語的じゃない(笑)。

そういえば、三、四年前に、それこそ小学校にも入る前の小さな子どもたちの間で『寿限無』がすごく流行りましたね。友人の子どもで、四歳くらいの子がいきなり「寿限無寿限無五劫の擂り切れ……」って完璧に覚えてるんでビックリしました。友人に聞いたら、「テレビでやってて覚えちゃった」と。

京須　NHKの『にほんごであそぼ』で、一時期ブームになりましたね。あの長い言葉をパァーッとしゃべるのが、子どもには面白いんでしょう。でも、年齢層が低すぎて、落語のファン層の開拓には残念ながらつながっていないようです(笑)。

中野　いや、私は子どもの感度って凄いなあ、と思ったんです。意味なんか分からなくても、言葉のリズムの面白さは直感的に分かって、パッと入ってくる。

京須　落語にはそうした言葉の感覚を生かした噺がたくさんありますね。

中野　そうそう、たとえば『大工調べ』で棟梁が大家に「この丸太ん棒！　てめえなんか目も鼻もない、血も涙もないノッペラボーな野郎だから丸太ん棒っていうんだ、わかったか、この金隠し！　金隠しってのはな、四角四面で汚ねえから金隠しだ！　呆助（ほうすけ）、藤十郎、チンケイトウ、芋っ掘り、株っかじりめっ！」とまくし立てる、あの気持ち良さなんかにつながっていくものがありますね。いま、若い人たちの日本語が乱れたとか、子どもたちもテレビやゲームばかりに夢中だ、といった批判があって、私もその通りだとは思うけれど、そういう面白いものに対する感度はもっと信頼したほうがいいなあ、と。学校なんかで教えなくても、面白いと感じたら、子どもは勝手に取り入れていく。

京須　たしかに自分が落語を好きになったころを振り返っても、特に教育なんてもんじゃない、親が寄席に行きたくて、子どもだけで留守番させておくのもちょっと危ないから、一緒に連れて行こう、というものでした。それは寄席に限ったことではなくて、映画だって町の映画館に連れて行かれて、親の観たい映画を一緒に観ていました。

だから、落語も映画もごく自然なものとして身近にあったんですね。

固定観念をときほぐす

中野　よく子どもには意味が分からないから、という理由で、文学作品などでも、子ども向けにリライトして、わざわざもっと砕いた言い方に変えたりしますね。私は、そういう〝教育的配慮〟は余計だと思うんです。意味が分かる、ということと、魅力が感じ取れる、ということは別のことで、むしろ意味が分かんないから、かえって面白がって子どもは食いついてくるんじゃない？　学校や教科書は説明しすぎで、かえって子どもの興味を損ねることになりかねない。

京須　『寿限無』の名前なんて、大人が聞いてもやっぱり意味が分からない（笑）。『饅頭こわい』という噺がありますね。あれは子どもが聴いても面白い噺だと思うんですが、よく考えると、いじめの問題も入っていて、ちょっと暗い面も覗かせてくれる噺なんです。

ちょっと嫌味な男がいて、みんなが怖いものを言い合っているのに、一人だけ、怖いものはない、と言い張って、座を白けさせる。こいつをとっちめようとみんなで寄ってたかって、男が「じつは死ぬほどこわい」という饅頭を買ってくる。ところが逆に男に饅頭をみな食われてしまう、という話なんだけど、こういう噺を聴いて鍛えておけば、いじめに直面してもしのぎようがあるかもしれない。

　私は人間教育ということでいえば、人間社会の裏面を垣間見せるべきだと思うんです。ただ社会の裏面、悪い面というものは、そのままストレートに覗かせたのでは、かえって悪影響を与えたり、反動で善の押し付けばかりを言い立てるような人間が生まれてきかねない。落語は社会の裏面、悪い面を覗かせながらも、それを笑いに転化させていく。教材としては非常にレベルが高いんですね。

　ただ小学生には毒の強すぎる噺もたくさんあって、自分の女房に客を取らせる『お直し』なんてちょっと教育によろしくない（笑）。それよりもむしろ子どもたちを教える人間が、まず落語を聴くべきなんじゃないかな。吉田茂さんは落語好きだったというけど、落語に描かれているような人の心の機微が分かって、しかも、それを笑いに転化できるくらいの懐の深い人間でないと、教育ばかりか、外交や行政だって任せられない。

中野　私もほんとにそう思う。子どもよりもまず先生や親が落語を聴け、と言ってやりたい。自分に照らしても、人生経験をある程度積んでからでないと、なかなか落語が描いているような、人間関係の妙、心理の綾なんかは理解できない。

それから落語のいいところは、コチコチに固まった固定観念を揺さぶって、ほぐしてくれたり、時に破壊してくれることですね。物事には表と裏があるだけじゃなくて、底と天井があって、さらには抜け穴まであるかもしれないという（笑）。大人こそ落語を聴くべきです。

京須　そうなんですよ。落語の教えを一言でいうなら、世の中には正しいことは一つじゃなくて、三つも四つも正しいってこともある。それは時と場合によるんだよ、ということでしょう。しかもそれを笑いとともに表現してしまう。二百年を超える江戸の平和と安定が培った、これだけ懐の深い芸能は、ちょっと今後は出ないでしょうね。

（『諸君』二〇〇六年九月号）

あとがき

落語ほど不思議な芸能はない。

演者はたった一人、きもの姿で座ったきりだから、ほとんど上半身だけ。小道具も手ぬぐいと扇子だけ。そんなシンプルきわまりない中で、さまざまな人間のさまざまな情景を描き出してしまうのだ。そしてまた、客席にいる私たちには、ちゃんとその描き出した世界が見えるのだ。

こんなミニマリズムの極致のような芸能を生み出し、発達させて来た日本人って何てスゴイんだろうと思わずにはいられない。

落語世界の主役たちというのが、ありとあらゆる種類のバカであるのもうれしい。見栄ぼう、ケチんぼう、あわてんぼう、キザ、強欲、好色、ノーテンキ、やきもちやき……人間の愚かしさの総合カタログであるかのようだ。

落語の人間観の根底は「性善説」でも「性悪説」でもない。「性愚説」あるいは

「性マヌケ説」といったものだろう。「バカだねえ」と笑ってしまう、そこには人間の根本への愛がある。いとおしむ気持ちがある。世の中どんなに不穏で凶悪になっても落語世界にひたれば、つかのま救われる。心がキツキツになることはない。

そんな魔力に引っ張られて、この三十年程、落語を聴き続けて来た。研究的情熱は乏しく、ひたすら「楽しみたい、味わいたい」と思い続けて来ただけの人間なので、いつまでたっても「通」にはなれないが、そのぶんいつまでも新鮮な気分で落語を楽しんでいる。

タイトルは『この世は落語』にしました。不思議な芸能への驚嘆と愛をこめて――。

文庫版あとがき

一日の終わり。夜、ベッドにもぐり込むと、枕元のCDラジカセに落語CDをセットして、聴きながら眠りにつく。これがもう二十年くらいにわたっての儀式のようになっている。ラジカセ時代も含めると三十年くらいになっているだろうか。

初めて聴くわけではなく、すでに何度か聴いた噺なので、たいてい途中で眠り込んでしまう。

それも、また、いいのよ。気持いいのよ。落語は私にとって（陳腐な言い方ではありますが）心のふるさとのようなものだから。最も心やすらぎ、懐しく、いとおしい世界だから。つらいこと、悲しいこと、恥ずかしいこと……何があっても、一日の終わりは落語でシメる。

それで気分一新、という程のことにはならなくても、とりあえず、こんがらがっていた糸がスルスルとほどけたような気分になっていつしかおだやかな眠りへと誘い込まれてゆく。要するにノンキになれるんですね。

そうなのよ、ノンキ（漢字で書くと呑気）であることって、結構重要だと思います、特に都会で暮らす人たちにとっては。

人間が密集して生活している都会では、よくも悪くも刺激が強く、ストレスも高いものになりがちだ。落語はそういう都会であった江戸の町人文化の中から生まれた。人と人との距離が短く、ツノを突き合わせるような暮らしの中で、その人間関係を笑いに変換し、ノンキな気分へと誘うという方向で洗練されていった。

だからこそ、落語は今でも古びることはないのだ。いや、むしろ都市化が進む一方の現代でこそ、落語世界はある種のユートピア（何しろ基本が〝ノンキ〟というものだから）、あるいは万人にとっての心のふるさとになりうるのではないか？――そんな気がしてならない。

落語を演じる者はキモノを着て、手ぬぐいと扇子を持って、座布団に座る――という古風なスタイルを守っているのも、とてもいい。

今の噺ではなく江戸・明治の噺だからキモノのほうがふさわしい（キモノならではのしぐさも愉しい見もの）というばかりではなく、やっぱり日本人の顔立ちや体型にはキモノが一番よくなじむ。男っぷりも二、三割方、あがって見えるような気がする。

『この世は落語』は二〇〇七年から二〇一二年にかけて書いたものですが、今、自分で読み返してみても「精一杯、がんばって書いたなあ」という気持ばかりで、訂正したり書き直したりという気にはならない。イラストも、ヘタながら懸命に描いた。クスクス笑いながら。愛をこめて。
今回、ちくま文庫という形で、また世に出ることになって、うれしく思っています。文庫版だと「落語＝伝統芸能＝こむずかしい、古くさい、エラソー」といった先入観にとらわれず、気軽に手に取ってもらえそうだから――。

二〇一七年、夏

著者

本書は二〇一三年三月、筑摩書房より刊行された。

小津ごのみ　中野翠

小津監督は自分の趣味・好みを映画に最大限取り入れた。インテリア、雑貨、俳優の顔かたち、仕草や口調、会話まで。斬新な小津論。（与那原恵）

ベスト・オブ・ドッキリチャンネル　森茉莉　中野翠編

週刊新潮に連載（79〜85年）し好評を博したテレビ評。一種独特の好悪感を持つ著者ならではのユーモアと毒舌をじっくりご堪能あれ。（中野翠）

志ん朝の走馬灯　京須偕充

古今亭志ん朝が唯一、その落語の録音を許したプロデューサーが折々に書いてきた「志ん朝」の素顔と芸。一代の落語家の姿を追憶する。

古典落語　志ん生集　古今亭志ん生　飯島友治編

八方破れの生きざまを芸の肥やしとした五代目志ん生の、「お直し」「品川心中」など今も色褪せることのない演目を再現する。

落語百選（春夏秋冬）（全4巻）　麻生芳伸編

春は花見、夏の舟遊び……落語百作品を四季に分け、詳しい解説とともに読みながら楽しむ落語入門の代表的ロングセラー・シリーズ。

定本艶笑落語（全3巻）　小島貞二編

性をおおらかに笑うのも落語の魅力のひとつ。江戸時代から今日までひそかに語りつがれてきた小咄から、往年の名作・傑作、大長老の名演まで。

なめくじ艦隊　古今亭志ん生

〝空襲から逃れたい〟、〝向こうには酒がいっぱいある〟という理由で満州行きを決意。存分に自我を発揮して自由に生きた落語家の半生。（矢野誠一）

びんぼう自慢　古今亭志ん生　小島貞二編・解説

「貧乏はするものじゃありません。味わうものですな」その生き方が落語そのものと言われた志ん生が自らの人生を語り尽くす名著の復活。

志ん生の噺（全5巻）　古今亭志ん生　小島貞二編

その生き方すべてが「落語」と言われた志ん生の幅広い芸を滑稽、人情、艶などのテーマ別に贈る、読む「志ん生落語」の決定版。

志ん朝の風流入門　古今亭志ん朝　齋藤明

失われつつある日本の風流な言葉を、小唄端唄、和歌俳句、芝居や物語から選び抜き、古今亭志ん朝の粋な語りに乗せてお贈りする。（浜美雪）

上方落語 桂米朝コレクション（全8巻）　桂米朝

人間国宝・桂米朝の噺をテーマ別に編集する。端正で上品な語り口、多彩な持ちネタで、今日の上方落語隆盛をもたらした大看板の魅力を集成。

一芸一談　桂米朝

桂米朝と上方芸能を担った第一人者との対談集。藤山寛美、京山幸枝若、岡本文弥、吉本興業元会長・林正之助ほか。語り下ろしあとがき付。

桂吉坊がきく 藝　桂吉坊

上方落語の俊英が聞きだした名人芸の秘密。若手の思いに応えてくれた名人は、立川談志、市川團十郎、小沢昭一、喜味こいし、桂米朝、他全十人。

落語を聴かなくても人生は生きられる　松本尚久編

落語家が名人芸だけをやっていればよかった時代は去った。時代と社会を視野に入れた他者の視線を通じて落語の現在を読み解くアンソロジー。

カメラを持った前座さん　橘蓮二写真・文

上野・鈴本の楽屋で撮影を始めて十八年。信頼を得た撮影者だけが見ることができた演者の個性。興味深いエピソードと最新の写真を収録する写文集。

しどろもどろ　岡本喜八

「面白い映画は雑談から生まれる」と断言する岡本喜八。映画への思い、戦争体験……、シリアスなことでもユーモアを誘う絶妙な語り口が魅了する。

加藤泰、映画を語る　加藤泰　山根貞男／安井喜雄編著

任俠映画・時代劇などで映像美の頂点を極めた加藤泰。伊藤大輔や山中貞雄への思いや、映画について語った講演の数々。文庫化に際し増補した決定版。

おかしな男 渥美清　小林信彦

芝居や映画をよく観る勉強家の彼と喜劇マニアのぼく。映画「男はつらいよ」の〈寅さん〉になる前の若き日の渥美清の姿を愛情こめて綴った人物伝。（中野翠）

名セリフ！　鴻上尚史

古今東西の名戯曲から選び抜いた31の名セリフ。作家と作品の解説から、作家に対する著者の思い、演劇に対する情熱が伝わる一冊。（恩田陸）

ウルトラマン誕生　実相寺昭雄

オタク文化の最高峰、ウルトラマンが初めて放送されてから40年。創造の秘密に迫る。スタッフたちの心意気、撮影所の雰囲気をいきいきと描く。

ウルトラ怪獣幻画館 実相寺昭雄

ジャミラ、ガヴァドン、メトロン星人など、ウルトラマンシリーズで人気怪獣を送り出した実相寺監督が書き残した怪獣画集。オールカラー。（樋口尚文）

新トラック野郎風雲録 鈴木則文

映画「トラック野郎」全作の監督が、撮影の裏話、本物のトラック野郎たちとの交流をつづったエッセイ集。文庫オリジナル。（掛札昌裕）

「小津安二郎日記」を読む 都築政昭

本人が綴った25冊の日記と膨大な同時代資料を丹念に読み解き、〝人間・小津安二郎〟の姿を鮮やかに浮かび上がらせる小津研究の傑作。（中野翠）

小津映画 粋な日本語 中村明

「ちょいと」「よくって？」……日本語学の第一人者が、小津映画のセリフに潜む、ユーモア、気遣い、哀歓を読み、味わい、日本語の奥深さを探る。

演出術 蜷川幸雄 長谷部浩

演出家蜷川幸雄が代表作とその創作過程、それぞれの作品に込めた思いや葛藤を、細部にわたるまであますことなく語る。たぐいまれなる才能の源に迫る。

千のナイフ、千の目 蜷川幸雄

緊張感の中で常に新しさを追い求め続ける蜷川の若き日の決意と情熱がほとばしりでるエッセイ集。時を経ても古びない魅力あるエピソード満載。

実録テレビ時代劇史 能村庸一

「鬼平」プロデューサーが、自らの経験と丹念な制作現場への取材を基に記録したテレビ時代劇クロニクル1953－2013、増補決定版。（里中哲彦）

大江戸歌舞伎はこんなもの 橋本治

著者が三十年間惚れ続けている大江戸歌舞伎。粋でイナセでスタイリッシュ！ 今では誰も見たことのない大江戸歌舞伎。一体どんな舞台だったのか？

芝居の神様 吉川潮

緒形拳が慕い、勝新太郎が敬愛した名優中の名優、島田正吾。九十六歳で亡くなるまで舞台に立ち続けたその生涯を描き尽くす。（立川談春）

小津安二郎と「東京物語」 貴田庄

小津安二郎の代表作「東京物語」はどのように誕生したのか？ 小津の日記や出演俳優の発言、スタッフの証言などをもとに迫る。文庫オリジナル。

ちくま文庫

この世は落語

二〇一七年九月十日　第一刷発行

著　者　中野翠（なかの・みどり）
発行者　山野浩一
発行所　株式会社 筑摩書房
東京都台東区蔵前二―五―三　〒一一一―八七五五
振替〇〇一六〇―八―四一二三
装幀者　安野光雅
印刷所　三松堂印刷株式会社
製本所　三松堂印刷株式会社

乱丁・落丁本の場合は、左記宛にご送付下さい。
送料小社負担でお取り替えいたします。
ご注文・お問い合わせも左記へお願いします。
筑摩書房サービスセンター
埼玉県さいたま市北区櫛引町二―六〇四　〒三三一―八五〇七
電話番号　〇四八―六五一―〇〇五三

ISBN978-4-480-43461-6　C0176